21世纪高等开放教育系列教材

群体社会工作

主　编　王小兰

中国人民大学出版社
·北京·

图书在版编目（CIP）数据

群体社会工作 / 王小兰主编. --北京：中国人民大学出版社，2021. 2

21世纪高等开放教育系列教材

ISBN 978-7-300-28583-2

Ⅰ. ①群… Ⅱ. ①王… Ⅲ. ①社会工作-高等学校-教材 Ⅳ. ①C916

中国版本图书馆 CIP 数据核字（2020）第 180667 号

21世纪高等开放教育系列教材

群体社会工作

主编 王小兰

Qunti Shehui Gongzuo

出版发行	中国人民大学出版社		
社　　址	北京中关村大街 31 号	**邮政编码**	100080
电　　话	010-62511242（总编室）		010-62511770（质管部）
	010-82501766（邮购部）		010-62514148（门市部）
	010-62515195（发行公司）		010-62515275（盗版举报）
网　　址	http:// www.crup.com.cn		
经　　销	新华书店		
印　　刷	天津中印联印务有限公司		
规　　格	185 mm × 260 mm 16 开本	**版　　次**	2021 年 2 月第 1 版
印　　张	11	**印　　次**	2021 年 2 月第 1 次印刷
字　　数	252 000	**定　　价**	32.00 元

前言

儿童社会工作、青少年社会工作、老年社会工作、妇女社会工作和残疾人社会工作是群体社会工作中最具代表性和综合性的领域，也是大部分社会工作机构或社会工作者不可回避的服务领域。因此，我们组织编写本教材，并将上述五个领域作为核心内容，以期为社会工作专业的本、专科学生以及一线实务工作者提供一本较为实用的、结合基础理论和方法技巧为一体的参考书。本书不同于传统高等教育教材的知识铺陈方式，也相异于那些虽源自实践却碎片化、游戏化呈现的知识集锦。它采用引导式话语描述，以“学习导引/提示—知识点讲解—自测练习/案例赏析—单元小结”的自主学习四部曲结构，深入浅出地呈现有关学习内容，帮助阅读者有效提升自主学习效果。

本书的编撰得到了相关部门及专业人士的支持。在此，向大家表示诚挚的谢意。特别要感谢原中国青年政治学院社会工作学院硕士研究生、现就职于河北省沧州市发改委的周元馨老师，她参与了大量资料收集、文字编排以及校对等工作。

今年，新型冠状病毒肺炎疫情蔓延全球。在中国，除了医护人员日夜奋战于抗疫第一线，广大的社会工作者也参与其中，对疫情的防控起到了至关重要的作用。坐在书斋已近两月的我，常常在想，除了尽到一个普通公民的本分，尽量不添乱之外，我还能做些什么？我个人的看法是，如果能对那些在社会工作领域中的基层工作者的继续教育学习有所帮助的话，在现有的体制框架下，他们的职业生涯或许可以更平顺一些。这本书或多或少可以起到这样一种作用吧，至少撰写它的初衷不是为入殿堂，而是关照四方，特别是为那些长期被排除在主流教育体制之外的人们给予关照，为他们的专业学习提供一种参考。

囿于编者的知识结构和能力水平，本书还存有诸多欠缺和有待商榷之处。无论如何，这是一个有价值的尝试，欢迎学界和实务界同行不吝赐教。

王小兰

二〇二〇年秋于北京

目录

CONTENTS

CONTENTS

目录

Unit 1

第一单元

群体社会工作概述及基础理论

学习导引

同学们好！欢迎大家走进“群体社会工作”的课堂。本单元，我们即将开启新的旅程。这次旅行可能会给我们带来很多回忆，重新认识那个曾经的你；可能会给我们带来很多反思，让现在的自己更加完美；可能会给我们带来希望，展望美好的未来生活。因为，我们将学习儿童、青少年、老年人、妇女、残疾人社会工作，这些群体就在我们身边，也许我们自己或者我们周围的亲朋好友就是其中的一分子，在我们了解这些群体之前，先准备一定的精神食粮吧。

旅途第一站，请同学们认真阅读“旅行指南”——群体社会工作的概念，之后大家慢慢欣赏第一站的七大经典景点——群体社会工作的基础理论，其中包括了社会学理论和心理学理论。不耽误大家时间了，请同学们慢慢感受不同景点的韵味。

学习目标

学习本单元内容之后，我们能够：

（1）解释群体社会工作的概念；

（2）阐述群体社会工作的基础理论。

接下来让我们一步步来深入理解本单元的学习内容吧。首先，我们来熟悉一下本单元内容的整体框架。

知识结构图

以下是本单元内容的整体框架以及学习这部分内容的思维过程规划。此图可以帮助大家从整体上了解本单元内容的知识结构和学习路径，包括群体社会工作概述、群体社会工作的基础理论。请大家仔细阅读和理解，帮助自己建立对本部分知识的整体印象。

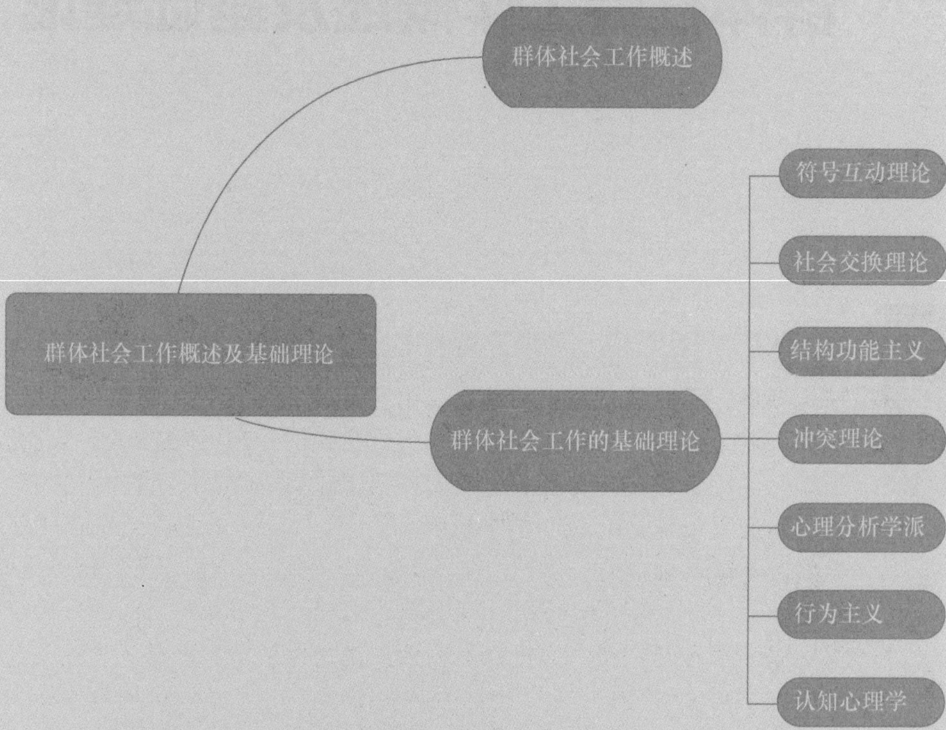

看完上面的知识结构图后，大家是否已经对本单元所要学的内容以及如何学习这些内容，有了一个初步的整体印象了呢？接下来，让我们在这个整体框架的指引下来逐一学习每个知识点的具体内容。我们需要重点学习群体社会工作的概念和群体社会工作的基础理论。在学完这些内容的基础上，你可以试着将理论与实务相结合，这样可以帮助你更好地内化所学内容。

知识点 1 群体社会工作概述

学前知识

社会工作强调个别化，针对不同人群、不同个体都有不同的服务内容，简单地说，就是不能模式化提供服务。不同群体有不同的特定需求，比如说儿童、青少年、妇女、老人、残疾人等，他们的需求都是不同的，当然某一人群是有着一些共性需求和要求的，这个可以作为我们工作的指引。但是具体问题还得具体分析，每个人都有其特殊的需求，因为每个人都是独特的和特殊的，只有结合其自身实际，满足其独特需求，才能提供好的服务。

本节知识重点

学习提示：在本部分中，我们需要重点学习群体社会工作的概念。

社会工作服务是把社会工作的价值、理论、知识和方法运用到具体的服务领域中去，以帮助个人、群体和社区解决其所面临问题的过程。社会工作服务领域相当广泛，面向社会各个阶层和社会生活的各个方面，特别是社会的各类弱势群体。而根据社会工作所面临的社会问题与服务群体的不同，可以将社会工作的服务领域划分为两大类：一类是以社会问题为导向的服务领域，如在失业、贫困、疾病等领域开展的社会工作；另一类是以服务群体为导向的服务领域，如儿童社会工作、青少年社会工作、妇女社会工作等。

以服务群体为导向来划分社会工作服务领域是当今最流行也是最为广泛的一种方法，由此，我们将以服务群体为导向的社会工作服务领域称为群体社会工作。如果对群体社会工作细分的话，可以划分为三类：一是以服务群体的年龄为视角，如儿童社会工作、青少年社会工作、老年社会工作等；二是以服务群体的机构为视角，如学校社会工作、医院社会工作等；三是以服务群体的某些特殊性为视角，如残疾人社会工作、矫治社会工作等。当然，以不同视角划分的服务群体类型之间是存在交叉的。其中儿童社会工作、青少年社会工作、老年社会工作、妇女社会工作和残疾人社会工作是群体社会工作中最具代表性和综合性的领域。

练一练

单项选择题

社会工作领域的扩展是从困难人群到（　　）。

A. 困难群体　　B. 危机人群

C. 灾难人群　　D. 需要人群

【解析】社会工作领域的扩展主要表现在两方面：第一，社会工作从困难人群向有需要人群的扩展；第二，社会工作从关注社会问题向关注社会的发展。服务对象早期是由于生理原因、心理原因，或者由于个人无法抵御的社会和自然原因而陷入生活极度困难的群体。在当代也包括了在非物质领域遇到困难的人士，即拓展为“有需要”的人士。本题正确答案为 D。

学完上面的内容后，大家是否已经对群体社会工作概述的相关内容有了一个较为全面的认识和理解呢？

在本部分内容中，如果你能复述群体社会工作的概念，那么恭喜你，你已经掌握了本部分的内容。

请做好本部分的梳理总结，稍做休息，我们继续进行下一个知识点的学习。

知识点 2　群体社会工作的基础理论

学前知识

大卫·豪（David Howe）从理论关注内容的角度将社会工作理论划分为：支持社会工作的理论（Theories for social work）和社会工作理论（Theories of social work）。其中支持社会工作的理论是指那些对社会工作所涉及的要素进行解释的理论，包括关于人及社会本质的理论，人与社会的关系的理论，人类心理和行为的理论，社会结构、社会规则、社会制度的理论等。这些理论为社会工作服务提供了理论基础，帮助社会工作者更好地理解他的服务对象及其所生活的社会，因为只有很好地理解与服务对象需要相关的社会现象，才能有效地帮助他们，满足他们的需要。

本节知识重点

学习提示：在本部分中我们将学习七种理论，包括社会学理论和心理学理论，它们全部为支持社会工作的理论，是群体社会工作的基础理论。那么接下来我们就开始学习这些理论。

群体社会工作是社会工作实务的一部分，其在实践过程中离不开理论的指导，因为人类的问题实在太复杂，注定日常的理解及以此为基础的介入难以奏效。而理论的视角能够带来对问题更加深入和系统的理解，也蕴含了更有针对性的介入策略。

一、符号互动理论

符号互动理论源于美国实用主义哲学家 W. 詹姆斯和 G.H. 米德的著作。但最早使用“符号互动”这一术语的是米德的学生 H.G. 布鲁默。符号互动理论是一种研究社会微观层面的社会学理论，即主张从社会互动和个体的日常环境去研究人类的群体生活。该理论主张关注人们在日常生活中如何交往，并且如何使这种日常交往产生实质性的意义。

符号互动论的基本观点认为：第一，人们对事物所采取的行动是以这些事物对人的意义为基础的；第二，事物的意义是在互动中产生的，也就是说，意义是一种社会产物；第三，当个体在应付他所遇到的事物时，他通过自己的阐释去运用和修改这些意义。因此，根据符号互动论的观点，在同一社会情境下，人们往往会希望与其他人在行为和思想上保持一致。要做到这一点，必须首先要理解他人行为的象征意义。米德认为，这种重要的理解是经由角色借用过程而获得的。人们往往站在互动对象的角度来想象自己，通过密切注意互动对象使用的语言或者其他符号和方式，从而领悟到对方通过语言和行为所要传达的意思。许多社会情境需要某种创造性的定义和再定义的过程，每个人必须不断地理解互动另一方的行动，并调整他或者她对这些行动的反应。

符号互动论的核心概念是“共享定义”。美国社会学奠基人之一 W.I. 托马斯指出了共享定义的重要性：“如果人们将某种情境定义为真实的，那么这种情境就会造成真实的影响。”尽管这些定义在客观上有时并不一定准确，但是却仍然在人类的生活中发挥着重要的作用。有些时候，人们关于某些社会情境的定义并不清楚，这时他们就会通过社会互动发展他们所需要的定义。根据他人所提供的关于自身的信息，特别是通过他们的行为模式，一个人可以领会期待什么和被期待什么。还有一种情况就是，由于某种熟悉的习惯发生变动，人们关于某种情境的定义也可能发生变化。

对符号互动论的应用有助于许多问题的解释，如对精神疾病、儿童社会化、集体行为、老年人的理解等。

二、社会交换理论

社会交换理论产生于 20 世纪 50 年代末的美国，是当代西方社会学理论流派之一，它批判那种只从宏观的社会制度和社会结构或抽象的社会角色去研究社会的做法，强调对人和人的心理动机的研究，代表人物有美国社会学家 G.C. 霍曼斯、P.M. 布劳和 R. 埃默森。

社会交换理论的基本观点认为：第一，人类的相互交往和社会联合是一种相互的交换过程。个人或群体采取某种方式彼此交往，这种交往旨在获得报酬或回报，这样形成的关系就是交换关系。第二，在人们彼此交往的背后，自我利益是一种普遍具有的动机。交换关系是交换理论的研究主题。交换理论假设人们所考虑的是净收益，也就是说所获得的收益必须减去成本。

霍曼斯指出，利己主义、趋利避害是人类行为的基本原则，由于每个人都想在交换中获取最大利益，结果使交换行为本身变成一种相对的得与失。对个人来说，投资的大小与利益的多少基本上是公平分布的。霍曼斯的社会交换理论包括以下六个命题（由于社会交换论的基调是霍曼斯确立的，所以我们把他的所有这些命题陈述如下以便更好地了解交换学派后来的发展）。

（1）成功命题：在一个人所做过的所有行动中，若其中某一特定行动经常得到酬赏，那么这个人就越愿意重复该行动。

（2）刺激命题：如果一个人在过去对某一种或一组刺激做出的某一行动获得了报酬，那么，当类似于过去的那种刺激再发生时，这个人就有可能做出与过去相同或类似的行动。

（3）价值命题：如果某种行动带来的结果对一个人越有价值，则这个人就越有可能做出该种行动。

（4）剥夺－满足命题：某人在近期越是经常得到某一特定酬赏，则随后而来的同样酬赏对他的价值也就越低。

（5）侵犯－赞同命题：这一命题包括两个副命题：第一，若一个人之行动没有得到预期酬赏，或者甚至受到了没有预期的惩罚，此人会被激怒并可能采取侵犯行为；第二，若一个人的行动获得了预期的酬赏或得到的酬赏比预期的还多，或此人的行动没得到预期的惩罚，则这个人会产生喜悦的心情，并可能做出别人赞同的行动。

（6）理性命题：在面对各种行动方案时，行动者总是选择价值最大和获得成功的概率最高的行动。

社会交换理论通过交换概念发现社会资源分布的不平等和由此产生的权力地位的分化，并从各个权力层次之间的对立和冲突中找到社会系统发展、变迁的动力。它更贴近研究社会现实，更加强了社会学与社会运行之间的相互联系。

在确定了社会交换的概念之后，布劳把注意力集中于分析社会交换的基本过程。根据布劳的分析，社会交换的过程始于社会吸引。他所讲的社会吸引，是指与别人交往的倾向性。一个人期望与别人的交往会带来报酬，不论这些报酬是内在性的还是外在性的，他会受到能提供报酬的人的吸引。要使对方承认自己，愿意与自己交往，就必须向对方证明自己也是一个有吸引力的人，表明与自己交往也能从中得到报酬。如果他能够成功地做到这一点，对方接受了他，交往行为就会随之发生。如果双方都从交往中得到了期望的报酬，则会进一步加强双方的相互吸引。当不断的相互吸引使双方建立起稳定化的共同纽带时，便形成了某种社会群体。

在交换中，各交换主体都会尽力展示自己的报酬能力，以吸引其他人同自己交换。因此，在社会交换中必然发生竞争。但是，由于人们拥有的资源在数量、质量、种类、稀缺程度等方面是不均等的，那些拥有丰富资源或稀缺资源的人在群体中会获得较高的交换地位。他们作为为数不多的资源提供者，可以自由地选择交换对象。相反，那些没有多少资源的其他成员，只能处于较低的交换地位，没有或很少有自由选择其他交换对象的余地。

当社会地位差距较大的双方进行社会交换时，处于弱势的一方会选择尊敬、服从等作为回报，这就使另一方获得了权力，群体中就出现了权力分化。

权力的分化会导致两个结果的产生。一方面，为了获得利益，处于弱势地位的人会甘居臣属地位，这就等于认可了权力。他们能够在多大程度上沟通并表达这种认可，权力就在多大程度上得到了合法化。权力的合法化使每个成员都有了固定的位置，只要按照自己的角色办事，就可以得到相应的回报，从而减少了交换中的竞争和摩擦，有助于促进群体的整合。另一方面，如果权力的实施没有带来所期望的报酬，人们会产生被剥夺感。这种被剥夺感会逐渐瓦解合法权威赖以存在的基础，并导致对权力的反抗。人们为了有效地表达他们的反抗，会形成对抗性组织，比如社会运动、政党和工会等。解决问题的办法是对原有权力结构进行调整，或者推翻现存权力结构并代之以新的权力结构。布劳以社会吸引、竞争、分化、整合和反抗等概念为核心，形成了分析社会交换过程的基本框架。

三、结构功能主义

功能主义的基本原则是在生物学占据统治地位的 19 世纪发展起来的。那时，有关人体、微生物以及遍布全球的动植物的知识不断增长。19 世纪最伟大的成就就是查尔斯•达尔文吸收了这些新知识并以自然选择来解释物种进化，从而使生物学获得了空前的声望。而被这些前进的步伐所激发的早期的社会思想家自然地将生物学的一些概念运用到了社会学中。

（一）结构功能主义的起源

结构功能主义源于有着“社会学之父”称号的法国社会学家奥古斯特•孔德和享有“维多利亚英国的亚里士多德”美誉的英国社会学家赫伯特•斯宾塞。他们认为，人类社会与自然界的生物有机体一样，有着一个成长、变化到消亡的过程。在这个过程中，人类社会必定要具备某种功能，才能使整个社会良性地运行下去。这就是功能主义最早期、最朴素的思想。我们可以从以下三个方面来加深对“社会有机体”思想的认识。

第一，社会与生物有机体一样都具有一定的组织结构。例如，一个动物由细胞、组织和器官构成；与之类似，一个社会则是由不同的群体、阶级和社会设置构成。

第二，与生物有机体的存活需要进食和吸取营养物质一样，一个社会要想得以延续就必须满足自身的基本需要。例如，一个社会必须要有能力从周围的环境中获得食物和自然资源，并且将它们分配给社会成员。

第三，与构成生物有机体的各个部分相似，社会系统中的各个部分也需要协调地发挥作用以维持社会的良性运行。受意大利社会学家帕累托的影响，斯宾塞和他的追随者们都坚持任何系统都会自然地趋向均衡或稳定的观点，同时，社会中的各部分对社会的稳定都发挥了一定的功能。

因此，从功能主义的视角来看，社会是由在功能上满足整体需要从而维持社会稳定的各部分所构成的一个复杂的系统。

（二）迪尔凯姆对功能主义的发展

后来的一些学者吸收了“社会与生物有机体相似”这一功能主义的基本思想，并且对其进行了提炼和补充。迪尔凯姆常常被视为当代功能主义的奠基人。他把社会看作是一个由道德价值观上的共识来规范的一种特殊的有机体。功能主义还是英国文化人类学的创建者们所持的主要理论视角。

（三）帕森斯对结构功能主义的贡献

20 世纪 40 年代，美国社会学家塔尔科特•帕森斯（Talcott Parsons）吸收了“社会与生物有机体相似”的基本思想，提出了“结构功能主义”这一名称，在以后的许多论著中为形成结构功能主义的系统性理论做出了很大的努力，使该理论成为现代西方社会学中一个重要的理论流派。

帕森斯认为，一个社会只有满足了四个基本需求，才能发挥其功能，也就是说才能维持其秩序和稳定。

（1）适应。确保系统从环境中获得所需资源，并在系统内加以分配。

（2）目标达成。制定系统的目标和确定各目标的主次关系，并能调动资源和引导社会成员去实现目标。

（3）整合。使系统各部分协调为一个起作用的整体。

（4）潜在模式维系。维持社会共同价值观的基本模式，并使其在系统内保持制度化。

结构功能主义是社会学的核心传统。它认为，社会是一个整体，由多个互相关联的部分组成，它们对维持整个社会的运作起着积极的作用。同时，社会整体是以平衡的状态存在着，如果某一部分变化过快，就会破坏相关的其他部分。任何部分的变化都会趋于新的平衡。

（四）莫顿对结构功能主义的改进

帕森斯的学生罗伯特•默顿将其老师的结构功能主义理论进行了改进和发展，使其更有利于经验研究。默顿认为，并不是所有的社会结构中的某一部分或某些部分都永远发挥着正向的功能，有些可能发挥的是负面功能。例如，在一个宗教组织中，当宗教把信徒团结在一起的时候，它就是在发挥着正功能；当军队在保护一个社会免受伤害时，它也发挥着正功能；当一个国家通过福利保障和社会服务为贫困群体提供帮助时，它同样发挥着正功能。然而，当宗教在北爱尔兰等地区激起政治纷争时，当军队耗尽了医疗和教育机构等更紧迫的社会需求所需的资源时，当行政部门靠贪污和腐败为生时，它们发挥的却又是反功能。

同样需要着重指出的是，社会结构单位发挥的功能并不局限于“正式的”或预期的功能，除了已意识到的显功能（Manifest function）之外，一个社会结构单位还具有尚未意识到的，或者是未预料到的潜功能（Latent function）。例如，大学的一个显功能是使年轻人接受教育，为将来承担专业化的工作打下基础。而大学的一个潜功能则是把一部分人口排除在劳动力市场之外，从而减缓经济生活中的压力。

（五）功能主义遭受的批评

功能主义在许多问题上受到了批评，因为它在很大程度上忽视了对社会的不满和社会冲突。由于功能主义是如此依赖秩序、稳定和共识，它甚至可能曲解了社会的真正本质。批评家们指出，与生物体不同，社会的各个部分并不总是为了整体利益而通力合作的。社会中的某些组成部分处于冲突之中；某些部分的获利则是以其他部分的利益受损为代价的。

对功能主义最严厉的批评来自被称为冲突主义论者（Conflict theorists）的学派。他们认为功能主义视角在研究稳定的社会时也许是十分有用的。但放眼今天之世界，社会在飞速变迁，冲突不是例外而是规律。

四、冲突理论

冲突理论是 20 世纪 50 年代中后期形成的西方社会学流派，以率先反对当时占主导地位的结构功能主义而著称。它强调社会生活中的冲突性并以此解释社会变迁。

社会生活中普遍存在的冲突现象，曾受到 19 世纪末 20 世纪初许多社会理论家的广泛关注。20 世纪 40 年代中期以后，以 T. 帕森斯为代表的结构功能主义，强调社会成员共同持有的价值取向对于维系社会整合、稳定社会秩序的作用，将冲突视作健康社会的“病态”，努力寻求消除冲突的机制。20 世纪 50 年代中后期，随着第二次世界大战后短暂稳定的消退和冲突现象的普遍增长，一些社会学家吸取古典社会学家，特别是马克思、M. 韦伯、G. 齐美尔等人有关冲突的思想，批判和修正结构功能主义的片面性，逐渐发展成为有重大影响的社会学流派之一。德国的 R. 达伦多夫是冲突论的主要代表人物之一。

冲突论强调人们因有限的资源、权力和声望而发生的斗争是永恒的社会现象，也是社会变迁的主要源泉。该理论建立在这样的假设之上，即构成社会的各部分不是作为整体一部分而平稳运行的，它们之间是相互冲突的，主要是通过权力来维持的。社会中的权势者在迫使社会中的弱势成员至少在表面上服从他们的价值观念的过程中，在某种程度上运用了强力。因此，冲突论者的一个主要关注点就是确定在社会中占据统治地位的群体，探求他们是如何维持统治的，以及他们在最初实际上是怎样获得这些权力的。

冲突论认为，社会的一个中心事实是，在占主导地位的社会结构中，一些个人比他人拥有更多的权力和特权。这些人控制着对有限的经济资源及其收益的不平等分配，从而行使与这种控制相联系的权力。富有者试图维持或增加自己的优势，并传给下一代；贫穷者则试图平均化或扭转这种结构的不平等。大部分的社会问题是因群体差别而引起的混乱所产生的。冲突论者认为，如果不平等的社会结构不变，诸如犯罪、贫困、污染、不良的医疗状况和经济剥削就不会被根除。

科瑟尔在《社会冲突的功能》（1956）中最早使用了“冲突理论”这一术语。他反对帕森斯认为冲突只具有破坏作用的片面观点，力图把结构功能分析方法和社会冲突分析模式结合起来，修正和补充帕森斯的理论。科瑟尔从齐美尔“冲突是一种社会结合形式”的命题出发，广泛探讨社会冲突的功能。他认为，冲突具有正功能和负功能。在一定条件下，冲突具有保证社会连续性、减少对立两极产生的可能性、防止社会系统的僵化、增强社会组织的适应性和促进社会的整合等正功能。

达伦多夫认为，社会现实有两张面孔，一张是稳定、和谐与共识，另一张是变迁、冲突和强制。社会学不仅需要一种和谐的社会模型，同样需要一种冲突的社会模型。为此，社会学必须走出帕森斯所建构的均衡与和谐的“乌托邦”，建立起一般性冲突理论。在《工业社会中的阶级和阶级冲突》（1957）中，达伦多夫主要吸取了韦伯关于权威和权力的理论，以此为基础建立其阶级和冲突理论。他认为，社会组织不是寻求均衡的社会系统，而是强制性协调联合体。社会组织内部的各种不同位置具有不同量的权威和权力。社会结构中固有的这种不平等权威的分布，使社会分化为统治和被统治两大彼此对立的准群体。在一定条件下，准群体组织表现为明显的利益群体，并作为集体行动者投入公开的群体冲突，从而导致社会组织内部权威和权力的再分配，社会暂时趋于稳定与和谐。但权威的再分配同时也是新的统治和被统治角色的制度化过程。和谐中潜伏着冲突的危机，一旦时机成熟，社会成员就会重新组织起来，进入另一轮争夺权力的冲突。社会现实是冲突与和谐的循环过程，而“权力和抵制的辩证法乃是历史的推动力”。

赖克斯从马克思主义的基本立场出发，反对帕森斯以价值规范为重心的秩序理论，强调物质生活手段的分配应该在建构社会模型时占据优先地位。在《社会学理论中的关键问题》（1961）中，赖克斯描述了“统治阶段的情境”：统治集团支配社会生活的各个领域，并运用强制性权力迫使社会整合。在这种情形中，经济分配体系向不同群体分发一定量的物质生活资源；政治权力体系分配权力以“防范任何破坏经济分配体系的行为发生”；终极价值体系确认“这种政治权力体系的合法性”；宗教仪式则具有“促使人们遵从终极价值体系的功效”。他认为，这种“货币—权力—价值—仪式”的一体化社会结构，是为统治阶级的利益服务的。生活手段分配上的极端不平等，必然造成被统治阶级不满情绪的日益增长，促使其成员将个人利益置于群体利益之下而结成集体行动者。一旦统治和被统治阶级之间的权力对比发生变化，社会就会由“统治阶段的情境”向“革命情境”运动，最终导致统治阶级的倒台。冲突的双方即使认识到激烈的冲突比适度的让步将会付出更高的代价，从而彼此作出妥协，但这种“休战情境”也是极不稳定的。冲突双方继续寻找能够满足自己单方面利益的手段，一旦找到了这种手段，权力的平衡立即被打破，冲突随即重新取代暂时的和平。

1975 年，柯林斯的《冲突社会学：迈向一门说明性科学》一书出版，标志着冲突问题的研究进入了一个新的阶段。早期冲突论者只是对结构功能主义进行补充和修正，认为秩序理论和冲突理论同是有用的理论工具。柯林斯认为，社会冲突是社会生活的中心过程，仅仅提出一种补充性“冲突理论”不足以说明这一过程，必须建立一门以冲突为主题的社会学。早期冲突论者主要关注宏观社会结构问题，并把社会结构视作外在于个人的强制性力量。柯林斯则认为，社会结构是行动者的互动模式，是在行动者不断地创造和再创造中产生并得以持续的。对宏观社会结构的理解不能脱离建构这些结构的行动者。他吸取了现象学和民俗学方法论的研究成果，力图为宏观社会学奠定微观基础。与早期冲突论者注重理论和意识形态问题不同，柯林斯强调必须建立假说－演绎的命题系统，并从经验上加以验证。唯有如此，才能使冲突社会学真正成为一门说明性科学。柯林斯为冲突问题的研究打下了新的基础，标志着狭义上的“冲突理论”作为一个流派已经式微。

冲突理论产生后，在西方社会学界引起了巨大反响，它很快渗透到社会学各分支学科的经验研究中去，在政治社会学、组织社会学、种族关系、社会分层、集体行为、婚姻家庭等领域出现了大量以冲突概念为框架的论著，在当代社会学发展中有着重大的影响。

五、心理分析学派

心理分析学派由弗洛伊德于 19 世纪末创立，它开始时是关于探讨神经病的病因和治疗的一种方法和理论。到了 20 世纪 20 年代，这一理论得到了广泛关注，迅速扩展到社会科学的各个领域，逐渐变成了一种心理学的体系和无所不包的人生哲学。其代表人物除了弗洛伊德，还有阿德勒、荣格、埃里克森等人。这里主要介绍弗洛伊德的古典精神分析。

弗洛伊德是奥地利著名精神病学家和精神分析学派的创始人。他的理论结构纷繁庞大，前后也经历了一些改变，这里主要介绍无意识、人格层次说。

（一）无意识

在弗洛伊德看来，个体的无意识水平可分为三个层面：意识、前意识和无意识。无意识也称潜意识。意识是个体脑中此时此刻意识到的观念，是与直接感知有关的心理部分。而无意识则是包括所有在出生后与本能有关的欲望，因为不容于风俗、习惯、道德、法律而被压抑排挤到意识阀之下。它们不被感知到，但也没有消失，而是在不知不觉地积极活动着，寻求满足。前意识则是处于前二者中间的部分，是那些个体在当前没有意识到，但随时可以被“提升”到意识层面的观念，相当于我们记忆中的东西。由这三个层面组成的意识系统就像一座冰山，无意识占到大部分，在海面之下；只有一小部分露出海面，这些是意识。无意识是精神分析的核心部分。弗洛伊德认为无意识虽然被压抑在意识系统的最底部，但它能通过隐蔽的或是变形的方式，对有意识的思维不断造成压力，因而也促成和决定了我们的很大一部分的行为。

（二）人格层次说

随着弗洛伊德理论的发展，他开始觉得无意识概念作为一套理论来说有点太简单了。于是，后来弗洛伊德以本我、自我和超我这三个概念描述个体的人格。

本我是人格中最原始的部分，由个体的本能和基本的欲望组成，这些本能和欲望不断盲目、强烈地冲动着，要求得到满足。因此，本我按快乐原则行事，追求即时满足，而不管这些行为是否违反社会规则以及其会带来的后果。本我是无意识的、非道德的，但本我的满足为整个人格结构提供能量。在成长的过程中，本我和社会规则不断发生冲突，儿童开始意识到自己的欲望并不是总能立刻得到满足的，于是自我发展起来了。它奉行现实原则，权衡利弊，调和自我和现实以及超我的关系。它的主要机能是判断自我提出的欲望是否实际可行，行则满足它，若要受到惩罚则压制它。但它也会寻找“空子”，用可接受的方式，绕过超我来满足本我。自我对本我的约束并非时时有效。大约在 4~5 岁时，儿童通过内化父母对自己的教育，超我开始形成，超我遵循至善原则。弗洛伊德认为，在正常的人格那里，这三个成分是协调的，若三者不协调，则人的人格行为会出现这样那样的问题。

弗洛伊德的观点对许多心理学家关于正常和异常人格的思考产生了深远的影响。但是因为这一理论在验证上的困难导致了它很难被科学的评价。此外，有人批评弗洛伊德理论是好的历史，却不是好的科学。因为它只能解释，而不能预测控制。但是，无论如何，弗洛伊德的一些观点已经被普遍接受，因此它不仅对心理学甚至对文学等社会科学也产生了一定的影响。

六、行为主义

行为主义的兴起在心理学史上是一个划时代的转变。1919 年，华生发表了他著名的论文《行为主义者眼中的心理学》，举起了行为主义的大旗。他在此论文中说："行为主义者眼中的心理学是自然科学当中一种完全客观的、实验性的分支。它的目标是要预示并控制行为。内省并不成为其方法论中必须的部分，其数据的科学价值并不依赖于人们是否乐意以意识的术语来解释。"在这三句话中，华生宣布了三个革命性的原则：第一，心理学的研究对象应该是行为而并非意识；第二，心理学的研究方法应该是客观的而非内省式的；第三，它的目标应该是"预测并控制行为"，而不是对精神现象的基础理解。

（一）经典条件反射

在巴甫洛夫的著名实验中，狗原来对声音并不会产生流涎反应，但当声音多次出现在食物出现之前，多次和食物发生匹配之后，狗听到声音也会流涎。在这个实验里，食物是无条件刺激，而原来作为中性刺激的声音，在与无条件刺激多次匹配后，成了条件刺激，也能引发狗的反应。这种反应称为条件反应。人类天生就具有无条件刺激 - 无条件反应的联结，而学习的产生是因为经典条件作用创造了条件刺激 - 条件反应的联结。但当配对撤销，条件反应就会逐渐消失。

华生的理论即建立在巴甫洛夫这一实验的基础上。他将引发有机体反应的外部和内部变化称为刺激，将行为定义为有机体适应环境的一切活动。行为的基本成分是反应。所有的行为都可以归结为刺激 - 反应。也就是说，即便是复杂的或人类独有的行为，如思维，说到底也不外乎是一套反射——有机体通过刺激做出反应，以此来达到适应的目的。通过刺激可以预测反应，通过反应可以推测刺激。因此，人的行为也是可以预测和控制的。

（二）操作性条件反射

斯金纳是另一个伟大的行为主义心理学家，他认为我们所做的任何事情和我们本身都是由奖励和惩罚的历史决定的，心理学要关心的就是引起行为需求和引起行为消灭的情境。

他提出了"操作性条件反射"这一概念。简单地说，就是用操纵有机体行为的结果，以影响有机体随后的行为，强化增加行为出现的概率，惩罚降低行为出现的概率。这一概念在教育和心理咨询及矫正中占有十分重要的地位。

七、认知心理学

从 20 世纪 60 年代中期开始，人们已经开始越来越意识到，行为主义理论远不能解释所有的人类行为，人的心理问题是由多方面因素构成的，不考虑内在的心理过程就不可能对人的行为做出充分、完整的解释和说明。于是认知心理学逐渐地开始取代行为主义成为当代心理学的主流，其研究几乎覆盖了人的所有高级心理过程，如认知、注意、知觉、表象、记忆、思维和语言等。

认知心理学可分为广义和狭义两种。从广义上说，凡是侧重研究人的认识过程的学派都可以叫作认知心理学，狭义的解释则是指信息加工心理学。

（一）信息加工心理学

信息加工心理学将人看作是一个信息加工系统，认为认知就是信息加工，包括感觉输入的变换、过滤、加工、存储和使用的全过程。认知心理学家关心的是作为人类行为基础的心理机制，其核心是输入和输出之间发生的内部心理过程。但是人们不能直接观察内部心理过程，只能通过观察输入和输出的东西来加以推测。

（二）认知疗法

认知疗法是认知心理学与心理咨询领域的结合，也称认知－行为疗法。认知疗法以认知理论为基础，强调认知过程在决定行为中的重要作用。它认为人类一切有目的的行为和一般情绪都由认知发动和维持，情绪紊乱和适应不良是由认知上的歪曲与局限导致的，为治愈病态的行为和情绪，关键在于矫正错误的认知过程以及由此形成的错误观点。认知疗法将人看作是有理性的，因此咨询师与来访者就是平等互动的关系，治疗的过程就是咨询师与来访者针对问题进行平等的协商、讨论和研究的过程。

练一练

单项选择题

矫正对象小刘经社会工作者小王推荐，参加由某职业学校为失业青年举办的为期两年的教育培训。两个月后，小王在随访时了解到，学校老师认为小刘表现不错，但小刘觉得同学们用异样眼光看自己，他感到焦虑、紧张、很不开心，开始不愿参加培训。按照认知理论，小王针对小刘的情况宜采取的做法是（　　）。

A. 赠送小刘喜欢的游戏币，鼓励他继续培训

B. 对小刘进行“冥想”放松训练，缓解他的焦虑情绪

C. 帮助小刘更改看待同学们的态度，努力学习，赢得尊重

D. 无条件关怀小张，增加随访的次数

【解析】认知理论是以认知心理学为基础形成和发展起来的一种社会工作理论。它着力于改变人的行为，但它把关注的焦点放在促使人的行为的内心世界上。与心理分析理论不同，它认为人的行为主要是受制于理性思考，而不是潜意识中的本能。它认为，人的不良行为主要产生于认知上的错误或理性思维能力的缺乏，社会工作者的主要任务就是要帮助其获得对世界的正确认知或完善理性思考的能力，从而使行为能得到正确的、理性的引导。题中，针对小刘的情况，小王应帮助小刘更改看待同学们的态度，努力学习，赢得尊重。本题正确答案为 C。

学完上述内容以后，大家对群体社会工作的基础理论知识了解多少了呢，对于理论知识的学习是否感到吃力呢？

在本部分中，如果你能够阐述群体社会工作的七大基础理论，那么，恭喜你，你已经掌握了本部分的主要内容。

拓展阅读

TUOZHANYUEDU

1. 刘继同．社会工作“实务理论”概念框架、类型层次与结构性特征．社会科学研究，2012（04）：78-88.

2. 张昱．中国本土社会工作实务的实践逻辑及其反思．社会科学，2008（05）：81-84.

单元小结

DANYUANXIAOJIE

本单元主要讲述了群体社会工作的概念和群体社会工作的基础理论，我们学完本单元内容要认识到，社会学和心理学的理论为社会工作介入提供了理解问题的基础和广阔的介入选择。社会学的符号互动理论、社会交换理论、结构功能主义、冲突理论从宏观的社会层面和微观的人际互动层面对人类的群体生活做出了解释，而心理学中的心理分析学派、行为主义、认知心理学从人类个体的角度对人类行为做出了解释。虽然不同的理论观点迥异，但都有助于社会工作者理解实务工作中所面临的社会问题，并采取更为有效的介入方法。

以上就是本单元的全部内容，感谢大家的辛苦努力，继续保持，加油！

Unit 2

第二单元

儿童社会工作

学习导引

同学们，大家好！在进入本单元课程学习之前，我们先来回顾一下我们自己的儿童时代。

“池塘边的榕树上，知了在声声地叫着夏天，操场边的秋千上，只有那蝴蝶停在上面，黑板上老师的粉笔，还在拼命叽叽喳喳写个不停，等待着下课，等待着放学，等待游戏的童年……”。同学们是否对这上面的内容感到格外的熟悉呢？没错，这就是我们耳熟能详的歌曲《童年》，让我们带着欢快的韵律共同进入今天的主题吧！

此时的我们，记忆的画面可能已经飞到了那个无忧无虑的童年。然而，在现实生活中，特别是近些年来，关于侵害儿童的事件时有发生，这不得不引起全社会的关注。那么，社会工作能够为儿童做些什么呢？在本单元的课程中，我们将一起学习儿童社会工作概述、儿童社会工作的主要内容以及儿童社会工作的主要方法。

学习目标

学习本单元内容之后，我们能够：

（1）描述儿童的特点及需求、儿童社会工作的概念；

（2）阐述儿童社会工作的主要内容；

（3）根据儿童的实际需求，提出社会工作介入策略。

接下来让我们一步步来深入理解本单元的学习内容吧。首先，我们来熟悉一下本单元内容的整体框架。

知识结构图

以下是本单元内容的整体框架以及学习这部分内容的思维过程规划。此图可以帮助大家从整体上了解本单元内容的知识结构和学习路径，包括儿童社会工作单元概述、儿童社会工作的主要内容以及儿童社会工作的方法。请大家仔细品读和理解，帮助自己建立对本部分知识的整体印象。

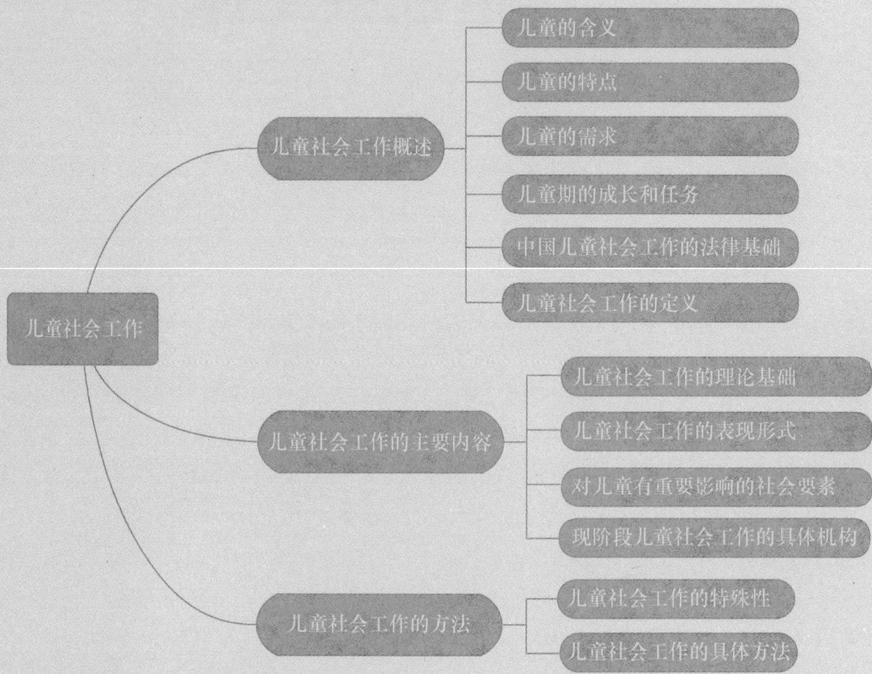

看完上面的知识结构图后，大家是否已经对本单元所要学的内容以及如何学习这些内容，有了一个初步的整体印象了呢？接下来，让我们在这个整体框架的指引下来逐一学习每个知识点的具体内容。我们需要重点学习儿童的需求、儿童期的成长和任务、儿童社会工作的理论基础以及儿童社会工作的具体方法。在学完这些内容的基础上，你可以试着将理论与实务相结合，这样可以帮助你更好地内化所学内容。

知识点 1 儿童社会工作概述

学前思考：童年

“童年呵！是梦中的真，是真中的梦，是回忆时含泪的微笑。”每个人对自己的童年都充满了记忆，现在你可以闭上双眼，慢慢去回忆自己的童年，当你重新去回味那段时间，内心是怎样的感受呢？可以说说你的感受，并分享童年中印象最深的两件事。

本节知识重点

学习提示：在本部分中，我们需要重点关注儿童的含义、特点和需求，儿童期的成长和任务，儿童社会工作的定义等。

一、儿童的含义

1989 年 11 月 20 日，在第 44 届联合国大会上通过的《儿童权利公约》中规定：儿童是指 18 岁以下的任何人。《中华人民共和国未成年人保护法》第二条规定，未成年人是指未满 18 周岁的公民。在我国的实际工作中，多将儿童的年龄界定为 0~14 岁。而无论是《儿童权利公约》界定的 18 岁，还是我国所使用的 14 岁标准，这些对儿童界定的方法，均是以其生理上生命延续的时间为依据来辨识儿童的身份。但不同的个体在其成长的过程中，往往会表现出差异性。正常的偏差可以忽略不计，但在特殊因素的作用下，心智年龄和生理年龄会产生明显的差异。这种差异虽然在公共政策等层面很难体现，但其决定了服务对象的实际状态，对社会工作者的实务工作有着很大的影响。

二、儿童的特点

（一）生理特点

儿童的身体处于迅猛的成长过程中。其生理特点包括：一是成长性，即儿童的神经系统、循环系统、内脏系统等都处于成长之中；二是基础性，即儿童的成长为其今后的成年打下基础，并可能由于童年的某些经历，造成其成年后的问题，同时儿童的基础性还表现在社会整体上，国家的未来取决于当前的儿童。

（二）心理特点

基于生理的发育，儿童的心智也不断地发展。其心理特点包括：一是发展性，即儿童的心理与生理一样处于发展期，人格基本形成，但认识和社会化还处于雏形；二是依恋性，即儿童对抚养者的依恋，不仅基于感情的需要，也是生存需要的自然反应；三是可塑性，即儿童的心理成长，很大程度上取决于其所处的环境，包括社会环境和抚养环境。

（三）行为特点

儿童自出生的第一声啼哭起，就开始有了自主的行为。随着生理和心理的发展，儿童的行为也在不断地发生变化。其行为特点包括：一是探索性，即由于儿童对事物的认知能力有限，其很多行为，表现出探索的性质，不论是过程还是结果，都是增加认知能力的重要途径，但在探索性里，包含着盲目的成分，隐含着一定的风险，需要保护性地加以控制；二是模仿性，整个儿童阶段都是人的学习期，儿童在行为上，也经常会去重复他所看到的别人的行为，通过这种模仿，人们可以采取控制示范行为的方式。

三、儿童的需求

（一）生存的需求

生存是所有生物体的共同需求，但儿童生存的需求不仅表现在其要获得足够的物质以满足生命延续和身心成长方面，还表现为这些需求的满足，不能依靠其个体实现，必须由其家庭或社会来满足。有时需要社会政策层面的介入帮助，也可上升为法律的强制性要求。

生存的需求包括生命存在的需求和社会存在的需求两个方面。

（1）生命存在的需求：即获得基本生活照料，包括养育照料和可获得的最高水平健康医疗照料；

（2）社会存在的需求：即获得社会身份，包括姓名、户籍和国籍。

（二）爱的需求

儿童在家庭或机构中生活，除了摄入营养使身体成长外，还需要爱，以使他们的情感也能够获得发展，使他们在成年进入社会以后，能够与其他社会成员正常相处。但在实际中儿童获得的爱会被各种因素所削弱和剥夺。

（三）学习的需求

儿童自出生就肩负着使命，他们要成长为合格的社会人，而在人类社会中存在大量的知识和技能，作为一个合格的社会人，必须要掌握基本的知识和技能，儿童需要通过不断的学习、长时间的积累，才能在今后成年步入社会时更好地适应社会。因此，向儿童提供学习条件和机会，也就成了家庭和社会的责任和义务。

（四）游戏的需求

儿童需要游戏是由其天性决定的。儿童在游戏中获得身体的成长，并通过游戏学会与人相处，逐渐地认识社会。

（五）社会化的需求

儿童的社会化是每个儿童成为负责任的、有独立行为能力的社会成员的必经途径。儿童的社会化，既是儿童成长发展的个体的需求，也是社会对儿童的群体需求。儿童在社会化的过程中学习社会角色，掌握道德规范。儿童的社会化既离不开社会群体、集体、个体的相互作用和相互影响，也离不开个体主动积极地掌握社会经验和社会关系系统。儿童的社会化需求主要包括以下内容：

（1）培养儿童的基本生活技能，使儿童掌握吃饭、穿衣、保持个人清洁卫生、语言表达等人类发展的最初行为方式；

（2）促使自我观念发展，使儿童能分清自我与非我两者的关系；

（3）养成良好的生活习惯，使儿童逐渐懂得约束自己的行为，调整好个人与个人，个人与家庭、学校、社会等方面的关系；

（4）培养良好的道德品质，使儿童逐步适应社会规范，具备社会公德；

（5）培养社会角色，使儿童随着年龄的增长，不断扮演适当的性别角色、游戏角色、学校角色以及社会角色等。

（六）被保护的需求

儿童生理、心理和智力发展不成熟，自我保护能力弱，需要在身心两方面得到安全保障，既要保护他们健康成长，也要保护他们不受任何人为的伤害，合法权益不受侵害。

这些人为伤害包括对儿童的虐待、忽视和剥削。

（1）儿童虐待：包括身体虐待、情感虐待、性虐待。

（2）儿童忽视：包括对儿童身体健康需要的日常生活照料和医疗照顾的忽视；对儿童发展需求和教育需求的忽视；对儿童社会化发展需要的同伴交流和接触社会的机会的忽视。

（3）儿童剥削：主要包括童工形式的劳动剥削和让儿童从事商业性活动的性剥削两大类型。

四、儿童期的成长和任务

儿童的成长包括生理发育和心理发展，成长的儿童在各年龄段身心都有较大变化。儿童期的成长过程可以分为以下三个阶段，其对应的特征、任务及面临的问题如表 2-1 所示。

表 2-1 儿童期的特征、任务及面临的问题

	特征	任务	面临的问题
婴儿期（0~1 岁）	新生儿离开母体建立个体生活，但对外界适应能力差	完成初期的快速生长发育目标，开始认识身边的亲人和感知环境	如何避免疾病困扰以及保障生命安全等，主要是生理层面的
幼儿期（1~5 岁）	神经系统快速发育，运动功能大大增强，能够无障碍地使用语言交流，并简单地运用文字	情感培育、心理培育和智力发展与身体成长并列成为这一时期的主要任务	除了生理发育方面的问题外，幼儿期的儿童会有分离焦虑，会出现恐惧，外界环境影响的作用逐渐显现，一些个体开始表现出行为及心理偏差
学龄期（6~14 岁）	生理机能进一步发育，心理、智力、学习能力不断增强	开始学习今后进入社会所需的各方面知识和技能，形成初步的价值观念，同时保持身心的正常发展	可能会出现学习性问题，如厌学、焦虑等。幼儿期的行为问题，在学龄期表现得更加明显，甚至会出现未成年人犯罪问题

五、中国儿童社会工作的法律基础

由于儿童是自我保护能力弱的群体，在儿童社会工作中对服务对象扮演“保护者”角色，是社会工作者时刻要把握的。在现代社会中，实施保护最重要的途径之一是依据法律和政策。其中涉及儿童权益的法律和政策主要有《中华人民共和国宪法》《儿童权利公约》《中华人民共和国未成年人保护法》《中华人民共和国教育法》《中华人民共和国收养法》《中华人民共和国预防未成年人犯罪法》等。

六、儿童社会工作的定义

1950 年，联合国儿童权利会议把儿童社会工作曾经定义为：凡以促进儿童身心健全发展与正常生活为目的的各种努力事业均称之为儿童社会工作。儿童社会工作是根据儿童的生理、心理特点和成长、发展的需要，以社会工作专业的价值观为指导，以科学的理论为基础，充分运用社会工作的专业方法和技巧对儿童开展的助人服务活动。

通常，我们可以把儿童社会工作理解为，把社会工作的专业知识、方法和技巧应用到儿童的教育和保护工作中，不仅救助和保护不幸儿童，而且关心一般儿童，使他们健康地成长。儿童社会工作是一项儿童福利工作，需要充分运用一切能促使儿童成长发展的个人和环境的资源，以确保儿童福利服务的实施。

儿童社会工作因其内涵包容程度的差异，有狭义和广义之分。狭义的儿童社会工作是一种事后补救性的工作，多采取机构服务的方式，面向特定儿童和家庭的服务，特别是面向家庭或其他社会机构未能满足其需求的儿童，包括孤儿、残疾儿、流浪儿、弃儿、受虐待儿童、情绪或行为偏差的儿童等。广义的儿童社会工作是社会福利的组成部分，包括国

家和地方政府为保护儿童权益、促进儿童健康成长所采取的一切措施，其中主要有：能增进儿童健全发展的各种措施，能防范危害儿童的保护措施，能保障儿童福利的措施，能协助儿童处理成长和适应过程中的难题的措施，以及能促成儿童发展潜能的措施。也就是说，一切针对全体儿童（青少年）的，能促进儿童生理、心理及社会潜能最佳发展的方式和设计都属于儿童社会工作范畴。正如联合国在1959年公布的《儿童权利宣言》中所指出的："凡是以促进儿童身心健全发展与正常生活为目的的各种努力、事业及制度等均称为儿童福利。"

练一练

单项选择题

幼儿期（1~5岁）的成长和任务是（　　）。

A. 完成初期的快速生长发育目标，开始认识身边的亲人和感知环境

B. 情感培育、心理培育和智力发展与身体成长并列成为这一时期的主要任务

C. 开始学习今后进入社会所需的各方面知识和技能，形成初步的价值观念，同时保持身心的正常发展

D. 离开母体建立个体生活，但对外界适应能力差

【解析】本题是对所学内容识记的考查。选项A是婴儿期（0~1岁）的成长和任务，选项C是学龄期（6~14岁）的成长和任务，选项D是婴儿期（0~1岁）的特征。本题正确答案为B。

学完上面的内容后，大家是否已经对儿童社会工作概述的相关内容有了一个较为全面的认识和理解呢？

在本部分内容中，如果你能复述儿童的特点、需求、成长和任务，并能对儿童和儿童社会工作下定义，那么恭喜你，你已经掌握了本部分的内容。

请你做好本部分的梳理总结，稍做休息，我们继续进行下一个知识点的学习。

知识点2 儿童社会工作的主要内容

学前思考：关爱"星星的孩子"

自闭症也称儿童孤独症，是广泛性发育障碍的一种亚型，以男性多见，起病于婴幼儿期，主要表现为不同程度的言语发育障碍、人际交往障碍、兴趣狭窄和行为方式刻板。约有3/4的患儿伴有明显的精神发育迟滞，部分患儿在一般性智力落后的背景下某方面具有较好的能力。2015年4月2日是第11个世界自闭症日，这些自闭症儿童像星星般纯洁明亮，却也像星星般遥远冷漠，对周围事物漠不关心，因而被称为是"星星的孩子"。你是否了解自闭症，是否知道自闭症儿童的服务机构？请自行上网搜索关于自闭症儿童机构的服务内容，并与其他同学分享。

本节知识重点

学习提示：儿童社会工作并不仅仅只为问题儿童提供服务，作为一项福利事业，它所涵盖的服务群体是所有的儿童。下面让我们一起来了解儿童社会工作的主要内容。

一、儿童社会工作的理论基础

（一）儿童生物学

在生物学中，与儿童发展有关系的主要有遗传学说。遗传学认为，个体发展是一个规则的自然发展过程，差异是因为 DNA 的差异造成的。它提示社会工作者对儿童问题进行评估时，要考虑到生物性因素。

（二）儿童心理学

1. 心理分析理论

弗洛伊德认为，人类的本质是先天的，决定个人行为的力量并非是环境而主要是人的内在驱力。大部分行为的背后都潜藏着生物性的驱动力，如性与攻击等，它们会根据个人人格成熟程度的不同而以不同方式呈现出来。心理分析理论对儿童社会工作的意义在于，个体早期的经历对个体的成长具有很大的影响，开展儿童社会工作应该考虑或重视将儿童当前的状况与过去的成长经历密切地联系起来。

2. 心理社会发展理论

埃里克森认为，人的自我意识发展持续一生。人除了生理性的冲动外，在生长过程中还有一种注意外界并与外界相互作用的需要，而个人的健全人格正是在与环境的相互作用中形成的。他将人的一生划分为八个阶段，每个阶段或多或少均以同一性危机的概念来贯穿，如表 2-2 所示。

表 2-2 埃里克森的人格发展阶段论

生命阶段	心理社会危机
学习信任阶段（0～1.5 岁）	基本信任对不信任
成为自主者的阶段（1.5～3 岁）	自主对羞耻、怀疑
发展主动性阶段（3～5 岁）	主动对内疚
变得勤奋阶段（6～12 岁）	勤奋对自卑
建立个人同一性的阶段（12～19 岁）	自我同一性对角色混乱
承担社会义务阶段（19～25 岁）	亲密对孤独

续表

生命阶段	心理社会危机
显示创造力感的阶段（25～65 岁）	生育对自我专注
达到完善的阶段（65 岁以上）	自我完善对绝望期

3. 行为或学习理论

以班杜拉为代表的行为主义强调学习起于人与环境的互动，通过与环境的互动，儿童学习不同的行为模式。行为或学习理论认为儿童的学习模式有三种：一是古典制约的学习模式，涉及儿童的外部刺激与反应之间的关联；二是操作制约的学习模式，即在适当的反应出现时给予奖励的一种学习和行为反应方式；三是以观察的方式进行学习，并与制约的学习模式互补。行为或学习理论对儿童社会工作的启示在于：儿童的行为是儿童对当前环境所作的反应，不适当的行为是儿童对当前环境所作的不恰当的反应。

（三）儿童教育学

1. 多元智能理论

根据加德纳的多元智能理论，学校在发展学生各方面智能的同时，必须留意每一个学生只会在某一两方面的智能特别突出；而当学生未能在其他方面追上进度时，不要让学生因此而受到责罚。

2. 建构主义理论

建构主义理论的一个重要概念是图式，图式是指个体对世界的知觉理解和思考的方式。图式是认知结构的起点和核心，或者说是人类认识事物的基础。认知发展受三个过程的影响，即同化、顺化和平衡。建构主义理论在教育学上的实质是：以儿童为中心，强调儿童对知识的主动探索、主动发现和对所学知识意义的主动建构。社会工作者在帮助儿童，尤其是学龄期的儿童时，要重视培养和促进服务对象的自主性。

（四）儿童社会学

1. 自我发展理论

米德认为儿童是通过模仿周围人的行动，发展成为社会存在的。米德的自我发展理论，为社会工作者说明了儿童进行玩耍、游戏的内在意义，并为游戏形式的儿童辅导提供了理论依据。

2. 认知理论

认知理论认为，人类行为是由个人从环境中所获得的信息中产生的态度塑造而成的。认知理论对儿童社会工作的启示包括：儿童在某一年龄范围或发展阶段具有他们特定的思考方式；在开展儿童社会工作过程中运用会谈、评估及介入的方法都要考虑到儿童的心智特点及其与成人的差异；儿童社会工作的主要任务是帮助儿童获得对世界的正确认知或完善理性思考的能力。

（五）理论支持

1. 依恋理论

“依恋”是一种安全感的心理倾向。依恋的出现，并不只是由于需要满足各种内驱力。例如，儿童并不只是因为父母提供食物而依恋于父母；儿童的依恋行为中也包括与儿童的直接需要无关的行为。依恋理论认为，人类是社会性存在；人类不只是利用他人来满足自己的内驱力。

依恋理论使人们不仅越来越关注作为心理过程的依恋，它还引发对儿童成长的全新理解。依恋理论不仅仅涉及儿童的早年经历。作为一个概念性的框架，它也与较大年龄的儿童、青少年以及成年人的发展有关。

2. 抗逆力

在儿童和青少年社会工作中日益具有影响力的概念是抗逆力。一些儿童天然地具有很多抗逆力，不过环境因素对促进天然抗逆力是有影响的。与抗逆力相关的品质是通过儿童的生活经历获得发展的，比如自尊、自我效能感、主动性、信仰和道德。抗逆力是更广泛的价值系统中的一种信念，可以帮助儿童在解决问题的过程中坚持不懈，或者从生活环境的诸多挑战中生存下来。

3. 行为主义理论

行为主义，也被称为行为学习，认为行为是外在的、可观察的、能够测量的，而且，行为本质上就是外显的心理，心理实质上就是内隐的行为，心理和行为是本质统一的。也正因为如此，行为主义者对弗洛伊德所津津乐道的无意识毫无兴趣，他们将人类的外显行为界定为心理学的研究对象。在具体研究方法上，因为研究对象发生了根本的变化，相应地，研究方法也产生了必然的改变，传统的心理学研究主导方法——内省法被彻底摒除，取而代之的是观察法——对外在行为的观察。

尽管行为主义对心理学的发展起了革命性作用，但是其本身也存在着一些局限与不足。行为主义理论在指导儿童青少年社会工作时容易忽视个体独特性。然而，我们都知道，每一个儿童、青少年都是不同的个体，每个孩子都有自己独特的微观和宏观系统，这就要求我们要注重人性，因材施教。

二、儿童社会工作的表现形式

（一）儿童社会工作的宏观层面

儿童社会工作的社会工作者参与方式主要有：

（1）参与有关各项保障和维护儿童基本权益的政策和法律的制定与完善，并配合其宣传和实施；

（2）参与保障并推动适合儿童需要的教育事业的发展和完善，监督儿童受教育权的实现；

（3）参与保障并推动儿童卫生保健事业的发展和完善；

（4）参与保障社会面向儿童的信息和资讯提供，并努力使其符合社会整体对儿童的期望目标；

（5）积极地整合各方面资源，推动儿童的观点表达和对社会事务的参与；

（6）促进对儿童的养育；

（7）创造儿童快乐成长的环境；

（8）开展儿童家庭服务。

（二）儿童社会工作的微观层面

儿童社会工作的微观层面主要是社会工作者直接为儿童及其家庭提供的各项服务。按照服务对象的类别可分为一般儿童社会工作和特殊儿童社会工作。一般儿童社会工作包括教育、卫生保健、营养、托儿、康乐等服务。特殊儿童社会工作又可以分为支持性服务、保护性服务、补充性服务和替代性服务四种类型，其内涵分别为：

（1）支持性服务指通过提高儿童所处环境（通常是指其家庭）的功能，强化照料者的能力，以促进儿童的发展。支持性服务的重点是充分运用环境自身的力量，通过环境培育的方法来促进儿童发展。

（2）保护性服务指通过介入外部监督或者强制等方式，防止儿童被虐待、忽视和剥削。其目的是减少侵害发生的可能，或者制止已经发生的侵害。其核心焦点是在确保儿童权益的基础上，尽量保持其生存环境的稳定性。

（3）补充性服务指通过专业介入，对儿童境遇中存在的某些薄弱或者缺失环节给予适当的增强。补充性服务既要考虑在服务过程中儿童的需要，当为其阶段性服务时，更要考虑结案时，介入资源的撤出会不会对儿童产生二次伤害。

（4）替代性服务指通过改变儿童生存环境的方法对儿童进行保护。开展此类服务时，前势评估十分重要，另外也必须考虑到是否在授权的范围内进行。

三、对儿童有重要影响的社会要素

（一）家庭

家庭是孩子成长与发展的起点，是孩子人生的第一课堂，家庭教育作为一切教育的基础，无论在性格和人格塑造方面，还是在对孩子学习和习惯养成方面，都有重要的影响。一个人出生的家庭环境及所受的熏陶，使其在今后的生活中很难褪去家庭的印迹。

案例分享

场景 A：

宝宝看见路边一个乞丐，捂着鼻子躲得远远的，大叫：“臭死了，妈妈快走。”妈妈拉着宝宝快速离开了。

从场景 A 中的情形，可以看出家长对孩子平时卫生习惯的教育和培养是成功的，但与此同时孩子丢掉的却是尊重人、善良和同情心等重要品质。因此，当发生这种情形时，家长应对孩子进行教育，让他不但养成良好的卫生习惯，更要让他明白该如何对待比自己境况差的人，如说："他也很想干净的，但他很穷，没有房子住，我们帮帮他好吗？"

场景 B:

宝宝看见乞丐，悄悄问妈妈："他为什么跪在这里呢？"妈妈说："他没有钱，无家可归。"宝宝想了想，走到乞丐面前，把妈妈给他的零用钱放在了乞丐面前的碗里。妈妈摸摸孩子的头，对孩子说："你本来要用这个钱买你最喜欢吃的糖果，而你现在给了他，妈妈为你的善良和乐于助人感到骄傲！"

恰如场景 B 中的妈妈所做的那样，赞许或批评孩子的某种行为，就会很轻易地让他明白，怎么做是对的，怎么做是错的，可能只在一瞬间，家长便把善良和爱的种子种入了孩子的心田。

场景 C:

宝宝经过乞丐身边时，好奇地大声叫起来："妈妈，快来看啊，有个人跪在这里！"说完，他在乞丐身边不停地转悠，好奇地打量着他……妈妈忙拽开宝宝，边走边说："他们是骗钱的，我们快走。"

场景 C 中孩子的行为，是好奇心使然。他从未见过这种情景，所以会产生这种行为。但妈妈的举动却会在孩子的心中打下一个深深的烙印：不要相信可怜的假象，因为那是骗人的！最终，他不但会缺乏善良和同情心的建设，而且将不再信任他人，产生对人和社会的信任危机。对学龄前的儿童来说，应首先注意培养孩子对人的同情心和善良的品质；至于社会的复杂和人性的多面，应该待他大一些后再慢慢让他体悟。

场景 D:

宝宝经过乞丐身边时，好奇地大声叫起来："妈妈，快来看啊，有个人跪在这里，地上还写了字！"旁边人告诉孩子，这是骗子，不要轻易相信坏人，不能给他钱……孩子看着妈妈，妈妈给了孩子 1 元钱，并告诉孩子，只有通过自己的努力才能获得自己想要的生活，只有做一个真诚、善良、有爱、有能力的人，才可以赢得别人的认可，才能够生活得更快乐，你才能够帮助更多的人。孩子把 1 元钱放在乞丐面前的碗里，告诉他，叔叔你也要努力，就可以自己挣钱过好日子了，就不用跪在这里了……

场景 D 中孩子的行为，是受到妈妈的教育和行为引导，让他慢慢领悟，明辨是非善恶。对于孩子来说，他们对善恶的理解大多来自家长在相关场景中的表现和对他的引导，并渐渐养成对人和物是否持有平等心的尊重与同情，同时，让孩子懂得了诚实、善良、上进对于一个人的重要意义。

家庭教育是基础，是对学校教育的必要调整和补充。它具有早期优势，是子女成长的摇篮，良好的家庭教育不仅有益于增强儿童的身体素质，而且可使儿童的智力得到尽可能早的开发，使他们从小就受到思想品德的熏陶，形成最初的伦理道德观念、审美观念和劳动观念，养成良好的行为习惯。家庭教育它最能根据孩子的智力发展特点实施个别教育，

最能培养孩子的情感，也最能有针对性地对各种社会信息进行整理、筛选。此外，家庭教育是终生教育，具有长期性、持久性，一个孩子从出生到步入社会前绝大部分时间是在家庭中度过的，甚至走向社会后仍然离不开家庭的影响，家庭对孩子的影响是终生的，是非常重要的。瑞士教育家斐斯泰洛齐讲“道德教育最主要的场所是家庭”，孩子由对母亲的爱进而发展为对兄弟姐妹、邻里的爱，这就是道德发展的基本原则。

（二）学校

学校教育对儿童来说是其接受的第一种正式教育过程。老师对学生的评价，对孩子们的自我期望影响巨大。班级间的关系，又使儿童形成了集体观念。学校教育是主体，是对学生进行素质教育的最重要形式，它不同于家庭、社会的影响，对学生思想品德的健康成长，树立正确的人生观、价值观、世界观，有着不可替代的而且是不容忽视的作用。从学校育人功能来看，学校教育是教育者（教师）依据一定的教育方针，有目的、有计划和有组织地对受教育者进行培养教育的社会化活动，它能按一定社会需要，根据教育大纲的要求，遵循儿童身心发展的规律，对学生进行系统的教育和训练；从学校育人的环境来看，学校有一个积极向上的学习氛围，给学生们创造一个和谐舒适的学习环境，激发学生奋发向上、努力拼搏的精神；从受教育的时间来看，学生在学校受教育的时间最集中，更利于全身心接受各种知识的传授，学会做人、学会生活、学会劳动、学会健体。

（三）同辈群体

同辈群体又称同龄群体，是由一些年龄、兴趣、爱好、态度、价值观、社会地位等方面较为接近的人所组成的一种非正式初级群体。同辈群体在儿童、青少年中普遍存在，他们交往频繁，时常聚集，彼此间有着很大的影响。同辈群体是一个人成长发展的一个重要的环境因素。儿童从家庭逐步走向社会，首先面对的就是如何进入同辈群体，并在群体生活中实现某种社会需要。儿童在其社会交往的过程中，会因年龄、兴趣、就读学校、家庭住址等因素的一致，而逐渐地形成一个非正式的固定交往群体。同辈群体对儿童发展的影响作用是很大的。这种关系通常在儿童期结束后还发挥着持续重要的影响，其中有些会成为成年时的朋友。

（四）大众传媒

大众传媒就是传播信息的载体。它具有跨越时空的广度、反复传播的频度、无处不在的深度。就现代社会而言，幼儿一出生就被大众传媒包围了。作为人们获得社会信息的首要途径，大众传媒甚至成为人们生存环境的一部分。同样，作为幼儿生存环境的一部分，大众传媒无疑会给幼儿的生存带来重大影响。随着大众传媒的日益发展壮大，儿童接触电视媒介等新兴电子产品的机会增多，大众传媒对儿童的生活方式、心理行为会产生深刻的影响。大众传媒丰富了儿童的视野，但对他们的道德观念、行为能力等也产生着双方面的影响。

四、现阶段儿童社会工作的具体机构

（一）义务教育阶段的中小学

在学校里，教师是主体专业队伍，他们通过组织教学活动来实现智育、德育、体育等的教学目标。社会工作者所关注的不单单是学校德育计划的实施，还应针对发生偏差的儿童提供专业服务，对受侵害的儿童实施权益保护。

（二）社会福利机构

社会福利机构收养了绝大多数的社会孤儿和弃儿。目前福利机构社会工作者开展的儿童工作主要可分为寄养和领养两个方向。

（三）社区

社区是儿童生活的场所。社区发展目标中应包含儿童部分，为开展儿童工作提供必要的资源保证。

（四）专业性社会工作组织

社会工作组织以实现社会工作价值为目标，为所在地或者周边的机构提供专业社会工作服务。在专业社会工作机构里从事儿童工作，应该与其机构的整体目标相一致，社会工作者除了开展对儿童的评估，以确定什么服务可能对儿童有帮助以外，还要积极地调动整合资源，共同协作以实现帮助儿童的目标。

练一练

单项选择题

儿童社会工作面向的对象是（　　）。

A. 有困难的儿童　　B. 残疾儿童

C. 孤儿和被遗弃的儿童　　D. 所有儿童

【解析】儿童社会工作的服务群体是所有儿童，选项 ABC 的内容为儿童中的特殊群体，是需要更加关注的群体。本题正确答案为 D。

学完上述内容以后，大家知道应该为儿童提供哪些服务了吧？儿童社会工作是一项综合性的服务，涉及家庭、学校、社会、机构等方方面面，同时由于儿童身心发展尚不健全，这也对社会工作服务提出了挑战。

在本部分中，如果你能够阐述儿童社会工作基础理论，列举对儿童有重要影响的社会因素，那么，恭喜你，你已经掌握了儿童社会工作的主要内容。

接下来，你可以继续往下学习了。

知识点 3 儿童社会工作的方法

学前思考：儿童虐待

儿童受虐的对象一般是女孩多于男孩。男女儿童受害高峰年龄大都在幼儿期和10～14 岁。施虐者包括家庭成员、亲属、家里的朋友或陌生人，可以是成人，也可以是年龄稍大的少年。施虐的方式有性暴露、性玩弄和性交。女孩多受家庭成员的虐待，儿童性虐待的特点表现为发生年龄偏大，其方式多为性抚弄和性交。男孩常常受家庭以外的人员虐待，发生年龄偏小，方式多为鸡奸，较多的使用暴力和伴有躯体虐待。他们一般不主动承认受虐事实，往往只在虐待程度严重时才被发现。近年来，关于儿童侵害的事件屡见不鲜，请思考儿童社会工作在儿童保护以及为被侵害儿童提供服务方面能做哪些事情。

本节知识重点

学习提示：在本部分中，我们将学习儿童社会工作的方法，大家需要重点掌握的知识包括：儿童社会工作的特殊性、儿童游戏辅导、儿童小组工作以及受虐儿童的社会工作介入。

一、儿童社会工作的特殊性

（一）对“服务对象自决”的特殊运用

“服务对象自决”一般是指在社会工作实务的过程中，服务对象有自由选择和决定的需要与权利，而社会工作者有义务尊重服务对象的权利和选择，避免过度影响服务对象的决定。儿童群体因其具有特殊性，社会工作具体实务中要尊重监护人的选择。“服务对象自决”是社会工作专业的基本价值观，“儿童自决”是尊重儿童权利的具体体现。

（二）重视环境的影响作用

环境对儿童的影响，在很多情况下是决定性的。在开展儿童社会工作时，社会工作者要清楚儿童面临的问题与其所处环境的关系。如果儿童的问题与其所处的环境有紧密的关系，寻找可以修正环境中不利因素的途径，可能比单独对儿童开展辅导更为有效和持久。

（三）社会工作者的特殊角色

社会工作者在专业活动中，担当着服务提供者、支持者、教育者、中间人、调控者等多种角色。在儿童社会工作实务中，社会工作者还有一个保护者的角色。

二、儿童社会工作的具体方法

（一）儿童辅导的游戏治疗模式

儿童辅导是指专业人员利用科学的知识和方法，帮助儿童了解自己、学会面对困难和解决问题的办法，并且运用各种机会促使儿童在生活、学业、感情和人际关系等各方面全面发展以及潜能发挥的过程。

1. 想象互动游戏治疗

想象互动游戏治疗的基本理念是通过想象游戏的媒介，孩子有机会以转化的方式沟通，也能透露隐秘性的事情。当在游戏世界沟通时，孩子知道能较容易也较安全地表达焦虑、生气及其他负面情绪。游戏世界也使儿童有可能试验一些新的想法和其他解决方法，而不会伤害到任何人。

想象互动游戏治疗的技巧，首先，社会工作者的态度应该表现出有兴趣并且容忍。其次，社会工作者可以成为一个更积极的玩伴。最后，社会工作者应该以口语参与。具体内容有：用言辞表达或口语化，把孩子正在玩的一项动作用言辞表达或口语化，然后把孩子所做的事给予更明确的意义；刺激化，刺激化的意义在于鼓励孩子能更专注地玩，其对于一个孩子克服重大障碍也是必要的，凭借着与孩子一起玩，社会工作者让孩子清楚地知道他的行为没有被禁止，如此孩子才不会感受到压力；设定限制，社会工作者必须用口头提示的方式尝试把所设定的限制整合到游戏里；相对游戏，社会工作者扮演的角色是在游戏中，玩出和被辅导儿童不同观点和想法的游戏内容，同时也传达辅导或治疗的信息。

想象互动游戏治疗的启示有：该方法对于有隐藏性身体疾病的孩子能发挥很好的作用；该方法可以应用在心情混乱的孩子身上，但社会工作者需要提供足够的结构化；为了治疗或辅导能够成功，父母亲必须愿意审视、改变他们的行为，以及改变对孩子的态度。

2. 沙盘游戏治疗

沙盘游戏又称箱庭游戏，沙盘游戏治疗是目前国际上很流行的心理治疗方法。在学校和幼儿园，沙盘游戏治疗被广泛应用于儿童的心理教育与心理治疗。

沙盘游戏的目的是借助沙盘探索心理世界。沙盘游戏可用于儿童、成人；可以个体单独进行，也可以由家庭或其他形式的团体一起完成；来访者可以自由地完成沙盘，也可以根据一定的主题做主题沙盘。

设置标准沙盘游戏治疗的基本设置有国际统一的标准，包含沙盘尺寸、色彩规范及游戏模型的种类等具体规定。沙盘游戏有沙子和人或物的缩微模型两大基本构成要素。

沙盘游戏治疗的过程和步骤：第一，对儿童介绍沙盘游戏的沙和水的使用，介绍各种模具的类别和摆放位置，让来访者感到安全、自由，让他明白有充分的条件可以选择任何模具来做任何形式的创造。然后治疗师帮助来访者以一种自发游戏的心态来创造沙盘世界以及自由地表达内在的感受，实现“童心”的唤起。一旦儿童能够以这样的童心来摆放沙盘，他就开始了。第二，依据“非言语的治疗”原则，儿童开始摆放沙盘世界，治疗师尽可能保持一种守护性和陪伴性的观察和记录，并努力让儿童自己和沙盘交流。在沙盘摆放结束后，治疗师开始陪同儿童对沙盘世界进行探索，努力对沙盘世界进行深入的体验和经历，在适当的地方给予帮助，以及在必要的情况下给出建议性、隐喻性或提问性的诠释。

沙盘游戏的要点：第一，沙盘游戏治疗强调非言语性和非诠释性，而且以体验和经历为主。因此，要理解沙盘的信息，就必须学习这种无意识的“语言”。第二，沙盘游戏是一种心理疏导手段，也是使用沙、沙盘以及有关人或物的缩微模型来进行心理治疗与心理辅导的一种方法。第三，在一个自由、受保护的空间，通过在沙盘内用各种模型、玩具摆弄心灵故事，使儿童与无意识接触并表达超语言的经历和被阻碍的能量。这种接触与表达，可促进激活、恢复、转化、治愈、新生的力量，对儿童心理健康的维护、想象力和创造力的培养、人格发展和心性成长都有促进作用。第四，强调创造过程本身的自发性和自主性是沙盘游戏疗法的基本特点，充分利用非言语交流和象征性意义是沙盘游戏疗法的本质特征。第五，该疗法的基本原则在于，它最大限度地给人们以想象的自由，允许人们精心构造和发展自己头脑中任意驰骋的各种主题。它在国外已经成为非常成熟和有效的治疗方法之一，也是儿童社会工作的一种具体方法。

（二）儿童小组工作

儿童小组工作是指一种通过小组过程及小组社会工作者的协助，使小组中的儿童能够获得小组经验、产生行为改变和恢复正常功能，以及与他人和周围环境达成有效的调适，最终促进个人及小组发展的专业服务活动。

1. 儿童小组工作的种类

儿童小组工作的种类如幼儿园和小学里各种课外兴趣班、少先队小队、课外补习小组、假日服务小队等，只要在这些小组加入社会工作的理念和工作手法，就可以展开儿童小组工作服务。也可以根据事先设定的主题，利用各种招募手段来组成儿童小组。

2. 儿童小组工作的要点

儿童小组工作的要点包括：活动安排要新颖有趣，符合儿童好动活泼的性格，但要注意安全；多利用示范来讲述活动的安排和小组规则；避免空泛的道理和讲述过于复杂与抽象的问题；社会工作者的态度是亲切和蔼的，应该具有很强的亲和力和善于与儿童交往；社会工作者无论是在空间位置还是在心理距离方面，都应该带给小组中的儿童一种平等的感觉。

3. 亲职教育服务

亲职教育服务指专业人员运用社会工作的方法向家长提供诸如沟通、孩子教育、家庭环境改善等方面的专业服务活动。亲职教育服务训练的内容主要包括沟通技巧、环境设计技巧、孩子行为技巧、家长训练、家庭改变技巧等。亲子沟通平行小组是亲职教育服务的一种新形式。它可以定义为两个分开但同时进行的小组，通过实践练习、互相配合的小组内容和进度、联合活动，改善亲子关系。其优点在于父母参与的中介角色对子女学习各种技巧有很大帮助。

案例分享

“漂流花朵”外来务工儿童社会工作服务

一、服务背景

金华市希雨未成年人咨询服务部以“树一代新风，育一代新人”为目标，坚持“接纳、尊重、真情”“服务青少年、效力全社会”的宗旨，以服务金华地区未成年人及家长教子问题咨询解答为己任，在上级主管部门的正确领导下，在社会各界的大力支持下，努力探索校外教育发展的新模式，发挥自身优势，以“希雨护蕾”“希雨家长慧”阵地为依托，打造一个给孩子自信向上健康成长、父母爱学爱乐并能用智慧去引导孩子成长的现代亲子共成长服务平台。以此减少父母日常言行中的错误率，让其更多地了解孩子的内心世界和需求，降低家长各类焦虑情绪给孩子带来的不良影响，进一步带动广大家长形成“做学习型父母，科学教子，与孩子一起健康快乐地成长”的良好氛围。

承接希雨未成年人咨询服务部先前开展的儿童青少年服务的优势，在已有的“希雨护蕾”留守女孩项目基础上延伸至流动儿童的服务项目，开展了关注外来务工儿童的“漂流花朵”三生服务小组活动。该项目深入调研分析外来务工儿童的需求，针对其需求开展一系列的“三生”关爱教育服务：重点帮助金华市外来务工的随迁子女，他们是随父母从外地来金华打工的异地就读儿童，通过专业的社会工作服务帮助这类孩子及家庭增能、参与社区、更好地融入城市生活，增加其生活幸福感。

二、服务简介

“漂流花朵”三生服务项目组通过小组工作对金华市环城二小 7~13 岁的外来务工流动儿童进行生命、生存、生活三大部分的教育与服务，第一部分主要是“生之语——生命的起源与保护”，旨在让外来务工儿童了解生命、爱护生命、保护生命、形成正确的生命观；第二部分主要是“存之法——生存技巧与相处之道”，旨在让孩子们学会生存的技巧与规则、自我保护的技巧；第三部分主要是“活之彩——生活的美好与精彩”，旨在让孩子们感受生活的美好，以便更好地享受生活。我们希望社会各界共同关注这些“漂流花朵”——外来务工流动儿童的成长与生活，为儿童营造一个平等、健康、和谐的城市生活。

三、服务分析

（一）理论基础

生态系统理论认为社会工作实践致力于改善案主的心理和环境状况，它以个人和环境之间的界面为干预聚焦，认为案主所经历的困境为“生活中的问题”，它整合了不同的人类行为和社会实践理论的宽泛框架，提供了一个丰富的、折中的社会工作知识与实践基础。它强调的是人在情境中，认为案主并不是孤立存在的，而是处于社会这一环境中，案主的问题是与家庭、学校（工作单位）、社会有很大关系的，在生态系统理论的指导下，社会工作的干预技巧即要为案主创造一个舒适、安全、和谐、支持性的环境，进而帮助案主解决问题。

（二）需求分析

在服务开始之前，项目组通过问卷调查，确定环城二小 50 名 7~13 岁外来流动儿童作为我们的服务对象。调研发现，流动儿童在生活中存在一些明显的问题与需求：流动儿童父母的学历普遍较低，居住和卫生条件较差，流动儿童生活学习环境不尽人意。大部分流动儿童课余时间待在家里，没有参加各类兴趣培训班，也缺少必要的课外书籍。他们虽然身居城市，但由于与城市孩子的生活差距和不平等，使他们始终处于城市的边缘。多数孩子感到压抑、被歧视，交友圈子较窄。不少孩子自卑心理较重，自我保护、封闭意识过强，行为拘谨，性格内向，不愿与人交往。下面具体从流动儿童自身及家庭、学校、社会三个方面分析其需求。

1. 流动儿童自身及家庭的需求

外来务工父母更多将时间和精力放在孩子的学习上，较少注重孩子的心理需求和成长的关爱需求。儿童在这个时期本身有着对知识与生命认知的追求，但家庭无法满足，因此专业的生命生活教育对流动儿童来说是一种必不可少的需求，可防范和避免流动儿童受到不良教育，可以帮助更多外来务工家庭更幸福地生活。

2. 学校方面的需求

当前学校更多注重的是儿童的学科成绩教育，对于儿童成长以及心理方面的辅导较少，同时部分流动儿童在行为上存在偏差，影响自身学业成绩，专业的社工服务可以改善儿童的行为偏差，帮助儿童重新建立起健康心理。

3. 社会方面需求

根据全国第五次人口普查数据，我国流动儿童数量不断增长，关注流动儿童成长已经成为一个重要的议题，而 2015 年金华市的公益项目中就有将外来务工子女助学帮困服务作为重点之一，流动儿童的健康成长和社区融入成为影响社区和谐的重要因素。

四、服务内容

（一）服务目标

“漂流花朵”三生服务以开展小组工作的形式为流动儿童提供服务，主要为了达到以下目标：

（1）通过生命教育、感恩父母教育以及自我保护教育小组活动的开展，帮助流动儿童认识生命、尊重生命、珍爱生命，树立正确的生命观；

（2）通过对生活规则的认识、安全知识的了解以及情绪的管理和控制的小组活动开展，帮助流动儿童学会生存技能，懂得自我保护，提高生存适应能力，使之更好地适应城市生活，增强自信心和加强人际交往能力；

（3）通过读书方法探讨、言行举止模拟、未来梦想展望的小组活动开展，帮助流动儿童寻找生活中的美好，体验生活中的美，享受生活中的幸福，感恩生活，勇敢追求理想生活；

（4）帮助增强孩子和父母、同学之间的沟通和交流，改善人际关系，让流动儿童能够更好地融入社区、融入城市生活。

（二）服务策略

1. 基础服务

基础服务包括提供社工专业小组工作服务，帮助流动儿童更好地形成生命观、适应城市生活、享受生活、融入城市。

社工运用专业理念、价值伦理、科学的工作方法和技巧，通过开展小组活动的方法，帮助流动儿童建立一个互助支持系统。在小组活动的过程中，孩子们不仅能够得到社工的支持，而且能够得到小组其他成员的支持。在小组里面，孩子们互相学习生存技巧、感受生命的意义、分享生活的美好，相互支持，共同进步。从流动儿童的优势出发，充分挖掘流动儿童的潜能，为其增能，从而帮助流动儿童提升自己处理问题的能力，增强人际关系，使之更好地适应、融入城市生活。

2. 趣味活动

“漂流花朵”三生服务融入了大量活动，形式多样，内容丰富。针对服务对象的特征和需求，项目组在小组活动中运用多元化的服务形式开展活动，如在感恩父母中的“折爱心”、认识交通规则里的交通标志展示、情绪管理时的情景模拟以及“目标树”“全家福”“祝福小卡片”等形式，社工通过丰富的活动形式调动孩子们参与的积极性，让孩子们在活动中学到东西。

（三）服务运作模式

服务平台＋服务团队（希雨机构专家督导团队＋服务社工＋志愿者团队＋项目外部支援团队）。其中，希雨机构专家督导团队主要职责为机构统筹、社工督导，服务社工由项目组成员（社会工作本科三年级）构成，主要职责是筹备和开展各次小组活动，志愿者团队由高校社会工作本科大二学生、机构外部志愿者构成，志愿者主要是协助社工开展好每次的小组活动。环城二小徐副校长、儿童教育讲师、家庭教育教师、心理咨询师构成了项目外部支援团队，负责协助指导小组活动的顺利开展。

（四）服务实施过程

1. “漂流花朵”三生服务之来源——云南省“三生教育”

从2008年开始，云南省从幼儿园到大学的各类学校全面展开了生命教育、生存教育和生活教育，这成为云南省教育事业众多改革发展举措中受到社会广泛关注的一项内容。云南省教育厅厅长罗崇敏认为，生命教育、生存教育和生活教育就是价值教育的核心，教育实际上是人生的教育，是为了人的一生发展的教育，就是为了使人能够珍爱生命，敬畏生命，不光珍爱自然生命，还要珍爱社会生命，还要珍爱精神生命。要使学生认知生存，提高生存能力、发展能力、创造能力，要使学生能够认知生活、热爱生活，使自己的幸福和家庭的幸福、团体的幸福、民族的幸福、国家的幸福、人类的幸福自然融为一体，使人全面发展，使人走向幸福。正确的生命观、生存观和生活观体现着教育的终极价值目标取向。在此基础上，项目组针对流动儿童的特征和需求对其开展三生服务小组活动。

2. “漂流花朵”三生服务为内容

（1）第一阶段：生之语——生命的起源与保护。

本阶段主题小组活动主要由一生有你——相遇、契约与陪伴、感恩父母、我的身体我爱护——生命只有一次等开展生命主题小组活动构成，本项目组主要通过破冰游戏建立关系、儿童教育讲师专家的指导自我保护课程、小组内分享、动手折爱心感恩等形式开展活动，让孩子们感受生命、珍爱生命、尊重生命，感恩父母赋予自己生命，促进流动儿童树立正确的生命观。在小组活动过程中，流动儿童积极参与投入，热情较高。

这个阶段的活动主要集中在2015年11月至2016年1月，每周五中午12:00—13:00，每次孩子们基本上都能够到齐，不过由于学校也会有其他活动与之发生冲突，会有部分请假的同学。比如事先没有和环城二小沟通好，当天中午孩子们要参加学科类竞赛，结果出现请假人数较多的情况。

（2）第二阶段：存之法——生存技巧与相处之道。

本阶段小组活动主要由生活处处有规则、成长安全知多少、做情绪的主人——快乐成长、快乐阅读等生存主题小组活动构成，其中有交通标志卡片认识交通规则、安全知识竞赛了解成长安全知识、情景模拟角色扮演体验情绪的变化、儿童教育专家老师阅读技巧指导，通过这些活动，让流动儿童学到更多的生存知识，懂得更多城市生活规则和自我安全保护技巧，学会控制和管理自己的情绪与人友好相处，了解阅读技巧方法提高阅读能力，更好地适应城市生活，融入社区、融入城市。

这个阶段的小组活动的开展时间集中于2016年3—4月，具体开展时间同上学期一样。在这学期第一次开展活动的时候，由于一个寒假活动的中断，第一次活动显然有些混乱，社工难以控场。开展第二次活动的时候，孩子们基本上就能够积极参与了，而且，相比上学期，部分孩子已经有所改变，且都朝着正常、健康的方向改变。

（3）第三阶段：活之彩——生活的美好与精彩。

本阶段小组活动主要由读书读人读天地万物——名著赏析、做有礼貌的人——做新市民我能行、编织童年的梦（上）——努力＋汗水、编织童年的梦（下）——小组总结会等生活主题小组活动构成，通过阅读《鲁滨孙漂流记（节选）》品味名著内涵、角色扮演体验礼貌待人之重要、绘“目标树”编织童年梦想、写“祝福小卡片”追忆小组全过程，旨在帮助流动儿童发现生活的美好，感受生活的美好，享受生活的美好，并勇敢地去追求自己的理想生活。

这个阶段的小组活动开展时间集中于2016年4—5月，仍然是每周五中午。每一次的小组活动都给社工不一样的感受，社工每一次都收获满满，小组活动已经结束，但对于社工和孩子们或许只是开始，孩子们从小组活动中学到的知识正在慢慢地影响他们的成长。而对于社工来说，每一次服务的开展都在为下一次的服务积累经验，不管是孩子们还是社工都在学习、都在不断成长。

3. 未来安排与计划

（1）服务团队：努力学习理论知识，提升社工专业知识和能力，不断总结经验，提升社工的服务技巧和水平。善于整合社会资源，撬动社会资源为机构服务提供便利，让社会上更多的人关注流动儿童这一边缘群体，积极发挥社会志愿者、高校专业社工志愿者的作用，让其协助项目的顺利开展和完成。

（2）服务内容：完善现有服务，丰富青少年儿童服务内容，开展能够吸引孩子的有趣活动，关注儿童青少年的成长课题，系统分析服务对象的家庭、学校、社会环境，综合考虑青少年儿童的不同需求，在普遍化服务的基础上做个别化服务，不断充实和完善服务内容。

（3）服务对象：阅读文献，关注生活热点，发现问题，定期开展儿童青少年需求调研活动，及时发现服务对象需求和调整服务目标，在能力范围内，尽可能扩大服务范围，让更多的青少年儿童和家庭受益。

（4）总结“漂流花朵”三生小组服务经验，反思不足之处，积极总结发展成功之处，并将其推广，为其他流动儿童服务提供一定的借鉴经验，也让社会更多的这类群体受益。

五、成效评估

（一）计划评估

“漂流花朵”三生服务小组活动开展之前，社工对整个项目做了详细的设计和计划，包括前期城市外来务工随迁儿童相关资料的收集、申报书设计、需求调研、小组活动课程设计、志愿者招募与培训、服务对象招募等。在前期准备阶段，项目组在每个环节都严格执行，以减少各种误差。经过项目组的努力，申报书在投标过程中中标，项目组的服务得以开展；在之后的课程设计、志愿者招募与培训过程中，项目组很顺利地完成了任务，得到山山家提供培训场地的支持，课程设计有优秀的团队督导和专业社工的努力也完成得很顺利；至于服务对象，项目组得到了环二小的支持，提供活动场地及50名外来务工流动儿童作为案主。但是项目也存在不足之处，项目组的案主并不是主动自愿求助的，而是班主任推荐的，他们参与小组活动就像是“执行老师命令”，不是真的特别需要服务而自愿参与；服务对象总共50人，分4个组，来自三、四、五年级，他们的知识水平不一样，这些无疑给社工开展活动增加了难度。

（二）过程评估

“漂流花朵”三生服务小组从2015年11月至2016年5月，由于寒假的原因，2月份活动被中断。在半年的时间里面，项目组总共开展了12次小组活动，每一次小组活动之前，社工都会认真做好准备工作，项目组上学期围绕生命主题开展活动，下学期主要围绕生存和生活开展活动。在刚开始的小组活动中，项目组在正式开展小组活动之前会有团队专家讲师进行15分钟的大课，但是后来觉得情况不是很好就直接开展小组活动了。在小组活动过程中，孩子们参与的积极性较高，能踊跃发言，对我们项目组的活动较为好奇，所以每次参与活动的人数基本上都能够到齐，除了部分有事请假的不能到。之后，孩子们和社工渐渐熟悉了，便变得有些随意，社工和志愿者需要一边维护纪律，一边开展小组工作。在下学期的活动中，社工发现部分孩子有一些变化，比如在上学期不愿静下来参加活动爱走动的孩子在社工稍稍提醒之后也能很好地参与到活动中去，前期不自信的孩子也渐渐自信起来，敢在组内发言了；在前期、中期、后期满意度调查中，孩子们对社工开展的活动也较为满意，很多孩子都很喜欢社工开展各种小游戏。社工也在每次小组活动之后进行组内小结和自我总结反思，发现问题和积累经验，完善服务技巧。

（三）结果评估

在12次小组活动结束之后，社工向参与活动的孩子们收集信息发现，不少孩子表示在小组活动中自己学到了不少东西，比如感恩父母、珍爱生命、自我保护、安全知识、阅读方法，认识了许多朋友，有社工和组员的陪伴自己很开心等，不少孩子还将一部分学到的东西用于生活中。当问到他们如果以后有这样的活动，会不会参加的时候，不少孩子都表示会参加，还说社工很温柔很好。在“祝福小卡片”上，社工看到了很温暖的话语“谢谢你们带给我们的每一个微笑”，看到这样的话语，社工很震撼，社工只是尽力做到最好，可能也没有感觉到自己会给他们这么多，这样的结果也是对社工的肯定。

（四）效益评估

从“漂流花朵”项目组团队的成员来看，项目组的成本是较低的，项目组充分利用高校大学生资源和外部支援系统资源，发挥社会资源的优势，努力使有限的资源发挥无限的作用，实现效益的最大化。项目组也会联系其他基金会，共同帮助有困难的个别案主。

六、专业反思

（1）社工拥有专业的知识和技巧，能够运用社会工作三大方法之一的小组工作去帮助外来务工子女缓解一些内心困扰，挖掘组员的潜能，为组员互相帮助、互相学习创造一个平台，让每个组员能够更加健康快乐地成长。不过社工也需要在实践中不断总结反思、交流、积累经验，以便更好地为更多的人服务。

（2）社工在小组活动中能够亲身体会到助人的收获，看着孩子们一次次的成长，内心是满满的收获和满足，这是社工的成就感的体现。同时，社工要注重社会资源的开发和利用，寻找更多资源共同帮助服务对象解决问题。

（3）社工在开展活动的过程中，往往很多因素是不可控的，很多突发状况不可预测。比如活动即将开始而场地临时需要更换这样的现象，这需要社工提前做好充分的准备以及具有丰富的经验和能力以应对突发状况。

（4）社工要尽量学习更多的知识和能力，这样面对不同的案主才能做到游刃有余。社工也不是圣人，不可能方方面面都知道，但最重要的还是要培养自己的学习能力，不管遇到什么问题都要尽可能找到解决方法；同时要对服务对象的问题具有高度的敏感性，深入了解每位组员的个性特点，遇到问题及时澄清。

（5）社工要组织有趣而又切合主题的小组活动，增加组员参与的积极性。小组活动最重要的是要如何留住案主，而且要能激发他们的参与积极性与热情，因此要根据案主的具体情况制订案主感兴趣的方案及活动内容。

（6）社工的服务是针对人的服务，案主是千变万化的，而且案主的环境系统也是相当复杂的，社工要不断地积累临床经验，不断提高自己的服务能力和水平。社工的服务过程是一个长期的过程，不可能在很短的时间内就见到成效，因此要锻炼社工的耐心和强大的内心，即使遇到再淘气的孩子，也不能急躁，要耐心地引导。

资料来源：漂流花朵项目组．“漂流花朵”外来务工儿童社会工作服务．（2016-05-27）[2020-03-20] http://practice.swchina.org/case/2016/0527/26530.shtml.

（三）受虐儿童的社会工作介入

1. 儿童虐待的相关概念

受虐儿童是指被其父母、近亲或任何对该儿童权利有责任者，或与儿童居住于同一处所的任何人，采取以下这些行为而遭受伤害甚至死亡的儿童。这些行为包括：造成受伤，或允许非意外受伤，导致产生一系列的身体伤害、死亡、外貌的损毁、身体或情绪健康的伤害、身体功能的失去或损伤；制造一个非意外的身体伤害的危险状态，而这样的危险状态可能令儿童致死或是身体功能受到严重损伤；对儿童性侵犯或允许这样的事情发生；拷打、折磨儿童或允许这样的事情发生；受伤的结果已经超过只是单纯的体罚。

儿童疏忽是指任何一个儿童的父母或其他对该儿童权利有责任者，并未提供对其适当或必需的支持、法定教育、医疗或其他法律认定儿童权利必要的相关照顾，或者儿童遭受其父母或其他对该儿童权利有责任者的遗弃。

2. 儿童身体虐待的指标

儿童身体虐待的指标主要有：瘀伤、烫伤、撕、裂伤、骨折、头颅伤、内伤、严重发展迟缓、不一致的医疗史、对孩子如何受伤的原因解释不一致等。

3. 儿童性虐待的指标

儿童性虐待的指标包括：幼儿感染性病、在生殖器官周围有明显生理伤害（红、肿、组织的撕裂）、攻击行为、怀孕、早熟地吸引他人注意的行为、对生殖器过分关心、超出儿童年龄应懂的性知识等。

4. 对受虐儿童的社会工作辅导

受虐儿童的社会工作辅导的主题包括：受害经验的分享，对暴力责任的看法，惭愧及与人隔离感觉的分享，自我保护的计划，陈述感觉，解决冲突的方法，性别角色的认定，自尊心的建立。

受虐儿童的社会工作辅导的功能：这种介入方式的主要目的和功能是协助儿童学习新的价值观及行为，包括暴力的发生不是他们的错；增加自尊；学习新方法来自我保护；认识可以协助自己的正式与非正式资源；学习以新的非暴力的方法来解决问题。

5. 对受虐儿童的社会工作介入方法

对受虐儿童的辅导是儿童社会工作介入的第一步，它优先考虑的是儿童的安全，进而协助儿童沟通及表达他们的感受。除此之外，社会工作者还须与家庭、学校、医院、司法部门、公安部门、儿童和青少年保护机构以及社区等有关力量或社会资源密切配合起来，对受虐儿童予以积极地介入。在介入保护儿童权益的同时，还要对儿童的隐私予以特别的保护。

（四）“评估”方法在儿童社会工作中的应用

评估是指收集广泛的资料，不仅从社会工作者的角度，也要从服务对象的角度，以及其主要监护人的角度去看儿童在自身生活的环境中生理、心理和社会适应方面的情况，并基于此制订出干预和治疗计划的过程。

评估需要一定的指标进行测量，以下是在儿童社会工作中运用的评估量表：

（1）智力量表。在中国影响最大的是韦氏儿童智力量表，其适用于学龄阶段的儿童和青少年（6～16 岁）。韦克斯勒根据多年来的分析研究，在量表编制中采用了越来越被证实有效的二分法，即把全量表分为语言量表、操作量表两大部分。

（2）行为量表。阿亨巴赫儿童行为量表（CBCL），又称阿亨巴赫儿童行为清单。

CBCL 以转诊问题儿童和健康儿童之间的鉴别点为基础编制而成。由于其易于操作、评分简单,在短时间内可以收集到许多有用的信息,因而广泛用于儿童、少年的临床和研究领域,主要来识别和评价具有行为和情绪问题的高危儿童,但并不能给出心理障碍的诊断。根据评估对象及评估人的不同,目前存在四个版本。

(3)社会期望量表。儿童社会期望量表(CSD)仿照社会期望量表(MCSD),由 48 个陈述句组成,可能的得分范围是 0~48 分,高分表明对不认可的惧怕。

(4)自我意识量表。儿童自我意识量表(PHCSS)主要用于评价儿童自我意识的状况。可用于临床问题儿童的自我评价及科研,也可作为筛查工具用于调查。该量表在国外应用较为广泛,可信度与效力较好。

案例分享

一、案例背景

小偶,男,6 岁,是单亲家庭中的一位贫困儿童,父亲由于 2002 年的车祸,失去了一条腿,母亲刚生下他不久便与父亲离了婚,叔叔是智力严重障碍的残疾人,全家靠爷爷、奶奶的退休金来维持生活。小偶刚生下来不久便被诊断为先天性心脏病并且是先天愚,但是因为家庭情况无力支付手术费,所以一直拖了 5 年没有手术,母爱的呵护成了服务对象最大的奢求。另外,服务对象由于身体的原因一直没有去上学。

二、问题分析

一是先天不足,不被同龄儿童所接纳。服务对象自幼患有先天性心脏病且是先天愚患儿,与同龄人一起玩耍的次数很少,先天愚造成了服务对象与人沟通存在一定的障碍。由于身体的原因,服务对象也没有去上学,整天在家里那几间屋子里活动,失去了应有的童年。

二是服务对象由于母爱的缺失,见到女士就叫妈妈。服务对象性格温顺、比较听话,虽然是先天愚的先心病患儿但是很惹人喜欢。自从母亲离去后,服务对象的心灵受到了一定的影响,变得沉默寡言,比较内向。

三是家庭支持系统方面,服务对象与爷爷、奶奶、爸爸还有叔叔的关系总体上比较和谐,爷爷、奶奶是退休工人,父亲、叔叔没有工作,父亲与母亲离了婚,服务对象跟着父亲过。他对奶奶比较依赖,虽然年龄小,但是整天穿着奶奶的旧鞋在屋子里玩耍。

三、服务计划

(1)目标。前期目标是帮助服务对象链接资源,申请“大爱之行”项目救助,顺利完成先心病的手术治疗;中期目标是协调服务对象的母亲定期回家探望,弥补其缺失的母爱;最终目标是为服务对象寻找合适的学校,学习知识,掌握一技之长,将来能够养活自己。

(2)服务计划。第一,联系军区总医院(定点医院)的专家为其做免费的检查,协助其家庭办理申请救助的手续材料,联系雷锋车队免费送服务对象去定点医院进行手术。第二,联系服务对象的母亲,向其介绍服务对象目前的情况,协调其定期回家看望服务对象。第三,以调节者的角色,介入其家庭关系。工作人员的角色之一是调节者,这个角色常常在开展家庭关系调解时运用。工作人员在前期深入访谈以后，了解、熟悉了该家庭的关系，后期将根据服务对象的母亲与整个家庭间的关系进行调解。

四、介入过程

通过各种途径和服务对象建立起信任关系。一开始，工作人员与服务对象的父亲通过电话建立了最初的联系，其父亲当时表面上和工作人员进行交流，实际上内心是抗拒的，所用的词汇及其简单、客套，表述的内容和其奶奶表述的内容有一定的出入。工作人员为了分辨事情的真伪以及进一步获得服务对象的信任，决定亲自登门拜访。工作人员的一般工作原则是到服务对象的家进行会谈，看到工作人员到访时，服务对象很开心，其存在感增强，进而对工作人员的信任度迅速增加。

帮助服务对象顺利地完成手术。根据大爱之行“社工用爱点亮‘心’希望——有先心病儿童，就找潍坊社工”项目的要求：受资助的服务对象需提供低保证明复印件及编号；非低保户农村籍提供当地农村村委会出具家庭经济情况证明并盖章；非低保户城市籍有工作单位提供所在单位出具收入证明并盖章；城市籍无工作单位者提供城市居委会出具家庭经济情况证明并盖章；患病儿童的所有申报资料由其法定监护人负责填报，并保证所有资料的真实性和完整性，经各地民政部门对资料进行审核并盖章确认。服务对象的父亲在开一些证明材料或盖章时遇到了一定的困难，工作人员积极协调有关部门，帮助服务对象顺利地备全了手术前需要的各种材料，并找了车免费送服务对象去军区总医院进行手术。

在军区总医院的一个星期里，服务对象接受了专业的手术治疗，在监护室里待了一个星期。在这段时间里，服务对象的爸爸和奶奶非常担心孩子的情况，工作人员针对服务对象家长着急焦虑的心理，开展了一次支持小组活动，缓解他们的焦虑，让其安心地等待服务对象健康出院。

帮助服务对象制订术后康复计划，定期联系军区总医院为服务对象做术后复查。术后服务对象身体恢复得很好，活蹦乱跳，大大减轻了家庭的负担。但是新的问题又浮出了水面，服务对象的上学问题成了这个家庭很苦恼的事情，一般学校都不收这样的残疾儿童，于是工作人员就亲自当起了“家教”帮助服务对象学习文化知识，同时为服务对象联系特殊学校，解决上学难的问题。

对服务对象的妈妈给予情绪疏导，缓解其家庭关系。家庭是残疾人社会支持的最主要来源。服务对象的妈妈由于一些原因和其父亲离了婚，这将影响服务对象以后的生活。服务对象的妈妈离婚的原因主要有两个：一是儿子是先天愚的残疾儿童且患有先天性心脏病，对孩子的未来不抱有希望；二是服务对象的父亲是残疾人没有工作、没有经济来源，家庭负担重。自从离婚后，就很少回家看服务对象了。服务对象见了女士就叫妈妈，对母爱的需求很大。工作员通过各方面协调，做服务对象妈妈的心理疏导工作，目前其能定期地回家看望服务对象，带来应有的关心和爱护。服务对象在父爱、母爱的呵护下健康地成长起来。

五、评估与结案

自工作人员介入后，服务对象顺利地完成了手术，身体恢复了健康，精神状态也有了明显的好转，与同龄人接触的机会大大增多。服务对象的妈妈与爸爸、爷爷、奶奶的关系得到进一步改善，双方对抚养孩子有了全新的认识，服务对象经过工作人员和全家的努力学到了很多的文化知识，也和小伙伴们建立了良好的关系，服务对象身体健康和爱的需求得到了满足。鉴于以上情况，本案已经基本达到预期目标，工作人员与服务对象商量，双方同意结案。

六、反思

坚持尊重原则。工作人员能通过尊重、接纳等技巧让服务对象体验到被尊重、被当作常人看待的体验，从而让其有信心走出家门并与人交流。在服务对象学习的时候，工作人员和家人们商量，希望大家积极提问及夸奖他，保持互动，这让他获得了极大的成就感。

坚持专业自主性。工作人员只有坚持专业自主性才能获得服务对象及其家人的信任，才能保证服务目标的顺利实现，也才能坚持一切以服务对象利益为重的服务原则。服务对象在接受治疗的时候，工作人员运用专业社会工作理论和实务知识缓解了家长们的焦虑心理，巧妙地处理了医患关系。

练一练

单项选择题

沙盘游戏疗法的本质特征是（ ）。

A. 自发性和自主性　　B. 非言语交流和象征性意义

C. 守护性和陪伴性　　D. 互动性和言语交流

【解析】本题考查沙盘游戏的要点。自发性和自主性是沙盘游戏疗法的基本特点，守护性和陪伴性是治疗师观察和记录的原则，互动性和言语交流不是沙盘游戏的要点，非言语交流和象征性意义才是沙盘游戏疗法的本质特征。本题正确答案为 B。

学完本部分内容后，你知道儿童社会工作的主要方法了吗？它们的主要内容分别是什么？

如果你能列举儿童社会工作的具体方法并复述受虐儿童的社会工作介入，那么，恭喜你，你已经掌握了本部分的内容。

到这里，本单元的学习之旅就算告一段落了，请做好复习总结。

拓展阅读

TUOZHANYUEDU

1. 童小军 . 国家亲权视角下的儿童福利制度建设 [J]. 中国青年社会科学，2018（02）：102-110.

2. 李文祥，翟宁 . 中国儿童社会工作发展的范式冲突与路径选择 [J]. 河北学刊，2019，39（03）：157-165.

3. 何欣，等 . 儿童保护视角下的儿童社会工作服务：以某特殊儿童康复中心为例 . 中国社会工作研究，2013（00）：130-149.

4. 孙晓玲 . 美国儿童社会工作的职业伦理本位 . 深圳职业技术学院学报，2009，8（04）：7-11.

单元小结

DANYUANXIAOJIE

本单元主要讲述了儿童的概念、儿童社会工作的概念、儿童的特点和需求，儿童社会工作的主要内容以及儿童社会工作的方法。学完本单元，我们认识到儿童的世界与思维方式是与众不同的，不论在与儿童相处还是提供服务时，都应该特别注意每一个儿童的特性，坚持个别化原则，不能用成人的眼光去要求儿童。希望大家好好体会本单元所学内容，也在今后与儿童相处时，时刻注意自己的言行。

以上就是本单元的全部内容，感谢大家的辛苦努力，继续保持，加油！

Unit 3

第三单元

青少年社会工作

学习导引

韩国青春偶像团 EXO 与内地人气小鲜肉团 TFBOYS 在青少年群体中几乎达到了无人不知、无人不晓的火爆程度。然而两个组合粉丝之间的骂战也刷新了网友的三观。该骂战先是由一名 TFBOYS 的女学生粉丝引发，接着 EXO 的学生粉丝也疯狂回应，骂战的内容、用词之犀利，一点不输给成年人间的掐架。TFBOYS 的粉丝斥责 EXO 的成员整容，而 EXO 的粉丝称 TFBOYS 为“掏粪男孩”，还丑化他们的照片。不少网友看到这两家粉丝的骂战后表示三观尽毁，留言称“你们长大后看到这段视频会后悔的”“天啊，我真的老了”，也有人表示对追星族的低龄化感到担忧。

当你看到这样一则消息时，你如何看待这个现象呢？对于青少年，我们更多的给他们贴上叛逆、活动、青春等标签，不论是这些标签是正向的还是负向的，至少在某种程度上代表了青少年的特点。而我们同样是从青春期走过来的“老人”，自己当时又有何经历呢？让我们带着青春的气息，进入本单元的课程，一起了解青少年，认识他们的特点与需求，学习运用社会工作的方法开展有关青少年服务。

学习目标

学完本单元内容之后，我们能够：

（1）描述青少年的特点与需求；

（2）区别不同类型青少年社会工作策略的特点；

（3）根据青少年的实际需求，提出社会工作的介入策略。

接下来，我们一步步深入理解本单元的学习内容。首先，我们来熟悉一下本单元内容的整体框架。

知识结构图

以下是本单元内容的整体框架以及学习这部分内容的思维过程规划。此图可以帮助大家从整体上了解本单元内容的知识结构和学习路径，包括青少年社会工作概述、青少年社会工作的主要内容以及青少年社会工作的方法。请大家仔细品读和理解，帮助自己建立对本部分知识的整体印象。

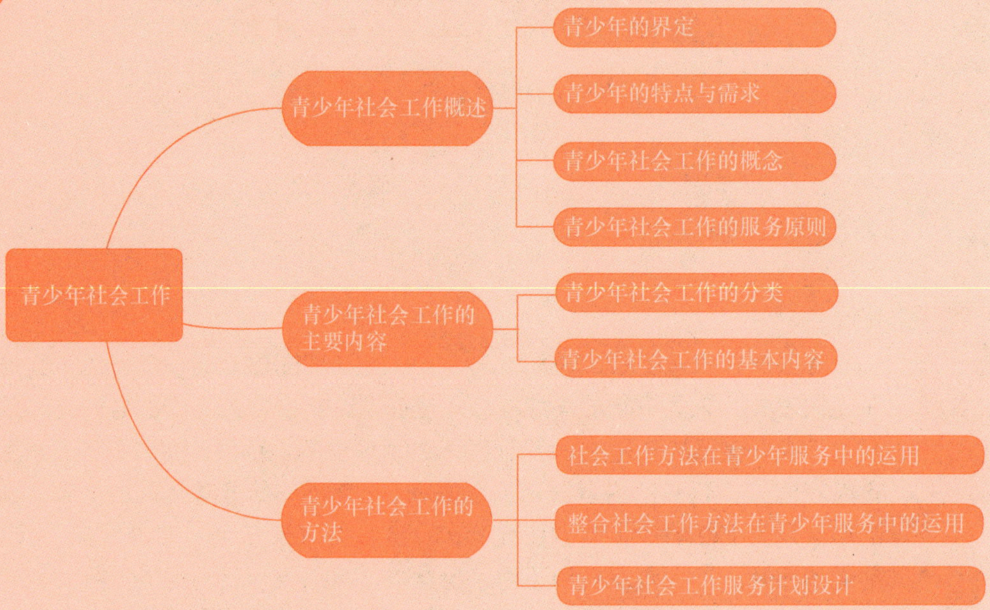

看完上面的知识结构图后，大家是否已经对本单元所要学的内容以及如何学习这些内容，有了一个初步的整体印象了呢？接下来，让我们在这个整体框架的指引下来逐一学习每个知识点的具体内容。我们需要重点学习青少年的特点与需求、青少年社会工作的主要内容、青少年社会工作的方法以及青少年社会工作服务计划设计。在学完这些内容的基础上，你可以试着将理论与实务相结合，这样可以帮助你更好地内化所学内容。

知识点 1 青少年社会工作概述

学前思考：那年，我们十七

十七岁的雨季、十七岁不哭、十七岁的单车、十七岁的天空……十七岁已经离我们很远，但似乎又没有远离我们，在我们不经意提起时，发现那段时光不曾忘记。

请闭上眼睛，回忆自己十七岁的故事，并且用一句话概括那一年，分享给其他同学。

本节知识重点

学习提示：在本部分中，我们需要重点关注青少年的含义、特点和需求，青少年社会工作的定义等。

一、青少年的界定

青少年是一个多维度的概念。从生理方面来定义，青少年是指生理各方面快速发育，即将具有生育能力的时期；从心理方面来定义，青少年是指心智达到一定的成熟状态，具有抽象与逻辑思考的能力，且情绪较趋稳定者；按照社会学的观点，青少年开始于性成熟之时，何时结束由社会标准所决定，当青少年具有应付社会与生活问题的能力，并受到社会认可时，就结束了青少年期进入成人阶段。青少年是具有多元性和动态性的概念，因此青少年社会工作也同样具有多元性和整合性特征。

二、青少年的特点与需求

（一）青少年的特点

青少年期是人生变化最多的时期，青少年在生理、心理方面不断成长，个人的心态及社会关系不断产生变化，对自我的探索、认同、人际关系、家庭及社会角色也在每天产生新的认识和新的适应。多变、创新、反叛是青少年时期的最主要特点。

从生理发展的角度，青少年处于青春发育期，其特点表现为体型迅速变化、身体内部机能迅速健全、大脑和神经系统高度发达、性成熟。

从心理发展的角度，青少年心理发展是在其社会生活环境和自身社会实践活动中完成的，因此青少年的智力、情绪和情感、自我意识、性格、性意识、成长和发展性需求都呈现出主体和客体的互动、动荡与稳定的结合、突变与渐变的统一等诸多特点。

除了生理、心理方面外，文化角度也是研究青少年的重要视角。有学者将青少年文化分成四种类型：第一，正直青年。指那些循规蹈矩的青少年，他们似乎不需要经历什么冲击或反叛行为便可过渡至成年期。第二，问题青年。指那些有越轨行为甚至犯罪倾向的青少年，他们不守纪律、爱游荡、性滥交、吸毒等，其行为被视为社会问题。第三，文化叛逆青年。这类青少年不甘平凡，喜欢标新立异，追求独特的文化或生活品位，建立自己的一套生活方式。第四，政治偏激青年。他们好打抱不平，认同并采取激进的行为，以追求某些理想或社会取向。

青少年的发展性特征还包括：第一，兼具质与量的改变；第二，兼具连续性与间断性的特质；第三，兼具稳定性与不稳定性的状态；第四，具有共通性与变异性的性质；第五，兼有分化与统整的功能；第六，兼有正常发展与易受伤害的可能。

（二）青少年的需求

青少年的需求，从根本上来讲是指其社会化过程的基本条件是否得到满足，在社会化过程中是否实现了他（她）的自我同一性。

青少年社会化，即个人早期的基础社会化，是个人学习基础的生活知识和技能，掌握基本的社会规范，了解基本的社会关系网络，并能在实际生活中比较成功地扮演最基本的社会角色和从事最基础的社会活动的过程。家庭、学校、社会是青少年实现其社会化的三大途径。

埃里克森在其人生八阶段论中提出的自我同一性理论对青少年社会化任务作出了概括，认为其自我意识的确定与自我角色的形成是核心任务，主要是获得同一感而克服同一性混乱。青少年在从他人对其态度中、从自己扮演的各种社会角色中以及在与同伴们建立的亲密友谊中进一步认识自己，对自己的过去、现在、将来产生一种内在的连续感，认识到自己与他人在外表上、性格上的相同与差别，认识自己的现在与未来在社会生活中的关系。这种同一感可以帮助青少年了解自己以及自己与前后左右的各种人、事、物的关系，从而顺利进入成年期。

依据青少年社会化以及实现自我同一性的任务要求，从发展的角度，可以把青少年个体发展性需求做一下概括：

（1）接纳自己的身体与容貌，表现符合社会所规范的性别角色需求；

（2）个体与同伴发展适当的人际关系；

（3）追求独立自主，少依附父母及其他人；

（4）自食其力，寻求经济独立；

（5）为未来的生涯做准备；

（6）发展符合社会期望的认知技能和概念；

（7）努力表现负责任的行为，追求理想和抱负；

（8）为未来的婚姻和家庭做准备；

（9）建立个体的价值体系，符合现实世界的需求。

三、青少年社会工作的概念

青少年社会工作是把青少年作为工作和服务对象，通过运用青少年成长和发展的规律，以及社会工作专业的理念、理论、方法和技巧，来最大限度地发掘青少年的潜能，促进其全面健康发展，使其更好地适应社会生活的专业活动。

青少年社会工作一般可分为微观、中观、宏观三个层面。微观层面一般指个人层面的社会工作，即针对青少年个体需求而开展的个案辅导服务。中观层面指家庭和小组层面的社会工作，即针对青少年家庭，以及有相同需求或背景的青少年群体而开展的社会工作服务。宏观层面指社区社会工作和相关组织，或者是针对法规或政策而进行的倡导或改变性工作。如建立青少年组织，开展社区工作，进行青少年法规、政策或制度的修改及倡导工作等。

四、青少年社会工作的服务原则

我国有青少年 3.8 亿人，其中有大量贫困家庭青少年、残疾青少年、城市流动青少年、农村留守青少年和需要特殊关怀的青少年。他们正处于由未成年人向成年人转变、由家庭、学校向社会迈进的转折阶段，处于世界观、人生观、价值观形成的关键时期，在成长发展过程中也面临着新的困难和问题，迫切需要专业化、个性化的社会工作服务。

（1）尊重青少年是一个独特的个体。尊重青少年的价值与尊严是社会工作服务的基本条件。尊重青少年拥有个人的价值与尊严，即不能由青少年的一项行为而完全否定他的个人价值。

（2）接纳与关爱青少年。青少年偏差行为的产生很多是由于家庭缺失，在开展服务的过程中，对于青少年充分地接纳与关怀是促进其成长的动力。接纳可具体表述为接受青少年是一位有价值、尊严、积极向上与向善发展的人。关怀则是关心、接近与重视青少年的各种学习与生活状况，并能与青少年共享成长的喜悦，共同分担失落的痛苦。

（3）注重青少年的个别需求。社会工作者应根据每个青少年的不同情况制订个别化的服务计划。

（4）协助青少年具备适应社会变化、不断成长的能力。社会工作者在开展服务的过程中要充分掌握社会发展脉络，配合青少年的社会适应性需求，通过给予青少年必要的辅导和协助，帮助他们建立适应社会的能力。

练一练

单项选择题

某校男生成立了一个“妆前妆后”社团，社团成员平时乐于助人，好打抱不平，但在社团活动中他们却喜欢涂粉底、粘假睫毛等，并把妆后照片放在校园橱窗及微博上。从研究角度看，这些学生属于（ ）。【2012 年初级社会工作实务考试真题】

A. 问题青年　　B. 文化叛逆青年
C. 正直青年　　D. 政治偏激青年

【解析】对青少年行为及其特点的分类：(1) 正直青年。指那些循规蹈矩的青少年，他们似乎不需要经历什么冲击或反叛行为便可过渡至成年期。(2) 问题青年。指那些有越轨行为甚至犯罪倾向的青少年，他们不守纪律、爱游荡、性滥交、吸毒等，其行为被视为社会问题。(3) 文化叛逆青年。这类青少年不甘平凡，喜欢标新立异，追求独特的文化或生活品位，建立自己的一套生活方式。(4) 政治偏激青年。他们好打抱不平，认同并采取激进的行为，以追求某些理想或社会取向。本题正确答案为 B。

学完上面的内容后，大家是否已经对青少年社会工作概述的相关内容有了一个较为全面的认识和理解呢？

在本部分内容中，如果你能复述青少年的特点、需求，并能对青少年和青少年社会工作下定义，那么恭喜你，你已经掌握了本部分的内容。

请你做好本部分的梳理总结，稍做休息，我们继续进行下一个知识点的学习。

知识点 2　青少年社会工作的主要内容

学前思考：那些年

享受青春，享受 Music，静心听这首《那些年》，此时此刻，我们似乎进入了怀旧主题，但这不代表我们沉溺于回忆。重拾记忆有利于我们在服务中更好地同理，更好地反思。那么问题来了，听到这首关于青春爱情的歌曲，你是什么样的感受？如果让你处理青少年时期的早恋问题，你又如何介入呢？

接下来，让我们一起来了解青少年社会工作的主要内容。

本节知识重点

学习提示：接下来我们将继续学习青少年社会工作的主要内容，大家需要重点掌握青少年社会工作服务的类型、青少年社会工作服务的基本内容等知识点。

一、青少年社会工作的分类

青少年社会工作大体上可以分为三类：针对青少年的生理、心理和社会发展需要，提供社会资源，协助正常发展而设计的发展性青少年社会工作；针对青少年个人及其家庭、学校、社区现状而开展的预防性青少年社会工作；针对已经发生问题之青少年的个人、家庭、社区环境的不良因素而提供的治疗性青少年社会工作。

（一）发展性青少年社会工作

发展性青少年社会工作是指能够发展社会资源和青少年潜能，使青少年的生活能力得到增强的社会工作服务。发展性青少年社会工作主要包括以下内容：

（1）提供青少年闲暇场所；

（2）举办并设计各种活动，使青少年学习并建立正确的人生目标、做事负责任的态度、领导及创造能力；

（3）提供国内外时事信息的服务，使青少年了解世界发展的趋势，并明确自己所应扮演的角色；

（4）提供青少年发展中的生理、心理、情绪、行为、人际交往、社会适应等各方面的知识性辅导服务，增进人际关系、法律常识、性教育、生理保健的知识与能力；

（5）提供就业信息及就业辅导服务，以拓展青少年的就业能力等。

（二）预防性青少年社会工作

预防性青少年社会工作是指通过社会工作的各类服务，对一些潜在的，阻碍社会功能有效发挥的条件和情境进行早期发现和控制。预防性青少年社会工作主要包括以下内容：

（1）改善青少年家庭生活环境，为青少年家庭提供服务，提供青少年父母亲职教育机会，以增进父母教导青少年的技巧；

（2）改善青少年学校生活环境，加强学校对不适应学业之学生的学业辅导、技艺训练、发展补充性课程及相应活动；

（3）改善青少年社区生活环境，加强社区各组织在青少年社会工作中的合作，整合各类社区资源，为青少年发展提供良好的社会支持；

（4）探索建立学校、家庭、社区良性互动的青少年社会工作服务模式；

（5）倡导有效的青少年服务和发展政策等。

（三）治疗性青少年社会工作

治疗性青少年社会工作是指运用各类专业方法，协助青少年恢复处于崩溃边缘的社会功能。治疗性青少年社会工作主要包括以下内容：

（1）提供就学或生活补助，以帮助有困难家庭的青少年正常成长；

（2）提供被忽略或虐待的青少年的保护服务；

（3）提供安全保护、收容服务及不适合家庭居住的青少年安置服务；

（4）提供在身体、情绪、精神等方面功能失调，以及社会人际适应不良等方面的治疗性服务；

（5）提供犯罪青少年及过失青少年的矫正服务，尤其注重社区层面的服务提供。

二、青少年社会工作的基本内容

青少年社会工作的内容十分丰富，如果从具体内容来看，主要包括思想道德品格辅导、心理及认知辅导、生涯发展辅导、就业就学辅导、生活方式与人际交往辅导、行为偏差矫正服务等。

（一）思想引导

依据科尔伯格的道德发展论，多数青少年的道德发展到达循规期，主要是为了避免他人反对或者不悦，以及为了避免受到法律制裁而遵守规范。权威人物的赞赏对维持道德水平非常重要，青少年也有维持法律与秩序的意愿。因此，开展道德教育应重视共通的正义原则，并使青少年能亲身体验，这样才能提升青少年的道德发展层次。

（二）职业指导

职业指导包括帮助青少年培养正确的就业意识，提供就业信息服务，组织开展就业技能培训。就目前我国青少年社会工作服务现状来看，开展青少年就业辅导服务是非常普遍和有成效的，主要包括职业规划、就业见习基地建设、面试技巧训练、就业信息咨询、网络创业公益培训、就业资源联动等。

（三）社交指导

社交指导即培养青少年良好的交往动机和交往品质，提高青少年的合作意识和能力、沟通交往技巧和能力，对社会交往有障碍的青少年进行社会关系调适，帮助其融入社会。

（四）心理疏导

缓解和消除青少年的心理问题，帮助青少年提高情绪自我管控能力，促进其健康人格的形成，特别关注农村留守儿童、服刑人员未成年子女、流浪乞讨未成年人等特殊群体的心理关爱问题。

（五）行为矫正

对有不良行为或有严重不良行为的青少年，通过进驻社区、学校、戒毒所、拘留所、看守所等工作项目，加强制度规则意识和法制底线教育，纠正和改变其不良行为习惯。

学完上述内容以后，大家知道应该为青少年提供哪些服务了吧？青少年社会工作涉及的领域相当广泛，这就需要社会工作者在实务过程中，根据具体情况开展不同的服务，如是预防性服务、发展性服务还是治疗性服务等。

知识拓展

青少年的需求越来越多样化，需要越来越多的专业青年社会组织去满足这种需求。那么政府购买这种青少年社会工作服务，哪些服务可以被放进采买清单？都有哪些标准呢？

2019年，天津团市委联合天津市民政局、市财政局制定下发了《关于进一步做好政府购买青少年社会工作服务的实施办法》，对政府购买青少年社会工作服务相关工作提出明确要求。下面一起看看有哪些重点内容吧！

政府购买青少年社会工作服务的内容主要包括青少年思想引领、身心健康、婚恋交友、就业创业、社会融入与社会参与、合法权益维护和社会保障、违法犯罪预防等服务。

政府购买青少年社会工作服务清单如下：

1. 青少年思想引领服务

（1）新时代理想信念宣传教育、社会主义核心价值思想教育和活动支持。

（2）网络建设和引导支持网络素养教育服务。

（3）网络文化服务产品。

2. 青少年身心健康促进服务

（1）社会实践文体教育支持。

（2）心理健康教育咨询服务。

（3）自我防护和安全保护的活动支持。

（4）文化。

3. 青少年婚恋交友服务

（1）婚恋观和家庭观教育引导。

（2）婚恋交友活动支持以及重点群体的交友引导。

（3）性健康知识普及、优生优育宣传活动支持、体育教育和活动支持。

4. 青少年就业创业支持服务

（1）就业创业政策宣传解读和信息支持等中介服务。

（2）就业见习计划和基地的支持以及创新创业项目服务与支持。

（3）海外学人回国创业支持、服务。

5. 青少年社会融入与社会参与支持服务

（1）公益服务支持。

（2）参与政治生活和社会公共事务支持。

（3）民族融合、国际交往等交流融合教育和活动支持。

6. 青少年合法权益维护和社会保障支持服务

（1）政策法规宣传教育。

（2）普遍性利益诉求表达和反馈支持。

（3）就业创业权益维护以及青少年合法权益的维护。

（4）未成年人司法保护和重点群体关心关爱、扶持保障及社会融入服务。

7. 青少年违法犯罪预防和青少年事务社会工作

（1）法治宣传、毒品预防和艾滋病防治宣传教育。

（2）重点群体的困难帮扶、心理疏导、行为矫治、监护干预等服务以及重点群体动态数据的建立、完善和运用。

（3）预防违法犯罪的阵地建设。

（4）专业人才队伍建设和机构的培育、引导、孵化、支持。

（5）评价机构和体系的建立。

8. 其他

政府委托的其他青少年社会工作服务，主要涉及两个问题：

（1）谁来买？即政府购买青少年社会工作服务的主体。

政府购买的主体是承担青少年服务职能的市、区、街镇的行政机关，具有行政管理职能的事业单位，以及纳入行政编制管理且经费由财政负担的群团组织。

（2）买谁的？即承接政府购买青少年社会工作服务的主体。

承接政府购买的主体是具备相应能力，且依法在市、区登记管理部门登记或经批准免予登记的社会组织和符合条件的事业单位，以及依法在市场监管或行业主管部门登记成立的企业、机构等社会力量。

练一练

单项选择题

有些行为偏差的青少年思考问题的方式是以个人为中心，认为考试偷抄别人的试卷只是一点点欺骗罢了，通过考试是最重要的。根据科尔伯格的道德发展理论，这些青少年的道德发展处于（　　）阶段。【2009 年社会工作者（中级）社会工作综合能力真题】

A. 惩罚与服从定向　　　　B. 天真的享乐主义

C. 好孩子定向　　　　D. 维护权威或社会秩序

【解析】本题考核的是道德发展理论。惩罚与服从定向阶段：这个阶段的儿童行为主要为了避免惩罚，因而无条件服从权威，而不考虑惩罚或权威背后的道德准则。天真的享乐主义阶段：这个阶段儿童首先考虑是否符合自己的需要，他们服从命令是为了得到奖赏或满足自己的欲望。这时儿童能初步考虑到人与人的关系，但人际关系常被看成交易，对自己有利的就好，不利的就不好。好孩子定向阶段：这个阶段的儿童认为一个人的行为正确与否，主要看他是否为别人所喜爱，是否受别人称赞。维护权威或社会秩序阶段：这个阶段的儿童意识到了普遍的社会秩序，强调服从法则，使社会秩序得以维持。儿童遵守不变的法则和尊重权威，并要求别人也遵守。据此判断 B 正确。

在本部分内容中，如果你能够列举青少年社会工作服务的分类以及举例说明青少年服务的具体内容。那么，恭喜你，你已经掌握了青少年社会工作的主要内容。

接下来，你可以继续往下学习了。

知识点 3 青少年社会工作的方法

学前一乐：当青春期撞上更年期

青春期的我像个火药桶，恰逢更年期的老妈情绪也不稳定，幸运的是，和老妈争吵的时候我们大多数会选择沉默或幽默。比如，有次别人送了老爸一台 iPhone6，被我惦记上了。向老妈提及的时候老妈要求我进年级前百便给我。我挣扎着问能不能年级前两百？老妈答：“臣妾做不到啊！”

我和我妈都是特别会化解尴尬的人。比如，上午我们大吵了一架，下午再见面时就能和好。且和好的理由有千万种。我曾和我妈说：“咱俩这关系跟言情小说中的情侣一样，吵吵闹闹最终仍会重归于好。”本人以为很煽情，结果我妈沉默半天来了一句：“你长这么丑，我怎么可能跟你谈恋爱。”

家庭环境、氛围对儿童、青少年的影响极深，很多青少年问题的出现与家庭环境密切相关，上面的案例很有幽默感，但是很多家庭的沟通方式并不是如此轻松，这就提醒社会工作者在处理青少年问题时，要了解其家庭环境，进行适当的家庭介入。

接下来，让我们一起来学习青少年社会工作方法的相关内容。

本节知识重点

学习提示：在本部分中我们将学习青少年社会工作的方法。

一、社会工作方法在青少年服务中的运用

社会工作方法包括直接和间接两个部分：直接的社会工作方法包括针对个人、群体、社区开展工作所必须运用的个案工作方法、小组工作方法、社区工作方法；间接的社会工作方法主要包括社会工作行政和社会工作研究等。

（一）个案工作在青少年服务中的运用

个人层面的社会工作一般称之为个案工作，即以运用社会工作专业方法对个人或者家庭进行服务。个人层面的社会工作包括以下含义：

（1）主要是针对个人或家庭层面的面谈辅导服务；

（2）社会工作者在开展个案服务时，必须对于青少年的服务需求做出专业判断；

（3）社会工作理论模式在个案服务中有非常重要的作用，是个案服务计划的基本指引和理论基础；

（4）个案服务目标和步骤形成个案服务计划的基本框架；

（5）评估可以帮助社会工作者进一步反思个案工作的成效和专业技能技巧的运用程度；

（6）服务对象的改变动机和参与是个案取得成效的关键，专业关系有助于个案过程的顺利进行和个案目标的实现。

（二）小组工作在青少年服务中的运用

小组工作方法是群体层面社会工作的主要方法。小组工作方法强调小组过程及小组动力去影响服务对象的态度和行为。核心要素主要有以下几个方面：第一，目的性小组是一项有目的的工作，它以组员的需求为基础，在小组工作者的带领下达到改善小组成员社会功能的目的。第二，过程性小组是小组产生动力的载体。小组工作者通过过程产生小组动力，从而去改变每位组员。第三，计划性小组是社会工作者通过程序设计而逐步进行的。小组计划体现了社会工作者在需求、理论、程序等各方面的思考和谋划，反映了社会工作者的社会工作专业素养。第四，互动性小组的互动性是小组工作方法的重要特征，相互支持和相互分担是小组工作的重要工作方式。

小组工作对于青少年行为治疗所具有的功效表现在以下几个方面：小组可以为青少年提供同伴增强的机会；小组的过程更能刺激出大多数当事人的真实世界；小组规范会对规范小组组员的行为起到很好的制约作用；小组能够提供很多的示范者、行为预演的协助者，小组也可以提供如实验室般模拟练习的机会，这些练习中不同性格的人相互交流和反馈，大家在小组内获得的经验将有助于组员重新建立良好的人际交往和行为习惯。

在青少年社会工作服务中，社会工作者还可以针对青少年的改变及发展性需求，开展各类小组工作。具体有：

（1）娱乐小组的目的是提供令人享受和锻炼的活动；

（2）游戏技巧小组的目的是在享乐的同时学会一套游戏技巧；

（3）教育小组的目的是帮助青少年获得知识，以及学习到较为复杂的技巧；

（4）任务小组的目的是完成一套具体的任务或目标；

（5）问题解决和决策小组的目的是协助青少年学会基本的问题识别、解决技巧，以及提高决策能力；

（6）焦点小组的目的包括确定需求或者问题、形成解决被识别问题的方案、检测对解决问题的替代方法的反映等；

（7）自助小组是自愿形成的，小组形成是为了相互帮助和完成特定的目标；

（8）社会化小组的目的是改变组员的态度和行为使其更易被社会接受、发展基本的社会技巧增强自信心、为将来制订发展计划等；

（9）治疗小组的目的是要让组员深度了解他们的问题，然后形成解决这些问题的策略，一般由具有严重情绪或个人问题的成员组成。

（三）社区工作在青少年服务中的运用

社区工作是以社区为对象的社会工作介入方法。社区工作包含了以下特点：以社区为对象，包括地域社区和功能社区；以结构导向的角度分析问题，认为个人不是问题产生的原因，社区环境、制度、政策影响了人们社会功能的正常发挥，因此要从社会结构的角度去调整各种关系；介入的层面比较广泛，既要针对社区居民的功能改善做出相应的服务介入，也要针对制度、政策和环境的改善开展一些社会倡导工作，还要在整个社区层面开展社会意识提升以及社会资源的重整工作；强调居民的参与、社会资源的广泛运用。

（四）社会工作行政在青少年服务中的运用

社会工作行政是一个把服务机构的社会政策转化为社会服务的行为，包括行政人员、领导者、所有其他职员。社会行政的基本过程通常是计划、组织、人事、指挥和控制。

社会政策转化为社会服务的过程可分为三个层面的工作：第一，根据青少年发展需求以及青少年政策要求，制定青少年服务发展规划和相应政策。第二，把规划和政策化为具体的青少年服务活动，同时根据实际服务过程归纳经验并修改机构服务规划和政策。第三，建立机构内部管理制度、机制和程序，保证青少年服务的正常有效进行。

（五）社会工作研究在青少年服务中的运用

社会工作研究是获取知识和发现事实的过程，可以包括几个层面的内容：青少年群体特征和社会环境状况研究；青少年需求调查和服务设计研究；服务过程研究；社会服务与政策改善研究；社会工作理论研究。社会工作研究的方法主要包括社会调查法、个案研究法、实验法、行动研究法等。社会工作是一项具有伦理性的社会活动和过程，因此社会工作研究对于社会工作目标的达到具有重要作用。

二、整合社会工作方法在青少年服务中的运用

在青少年社会工作服务过程中，社会工作方法的运用具有整合性特征。青少年需求的多元性决定了社会工作方法的整合性，青少年的成长性需求包括生理、心理、认知、行为、交往、社会适应等各个层面。对应青少年需求而开展的服务，也应该是多种方法的整合。

社会资源的综合性决定了社会工作方法的整合性，青少年社会功能的社会性，反映在他们如何在社会环境中发挥其功能。社会工作者不仅要察看社会环境对于青少年发展的要求，也要看个人环境中的资源情况。他们十分重视青少年环境处境中可得到的资源和阻塞资源的障碍，社会工作者会根据需要，积极地整合各类资源，去促进青少年社会功能的改善与提高。

社会工作专业的通才要求决定了青少年社会工作方法的整合性，由于现代社会的纷繁

复杂，社会工作专业十分强调通才实务工作观。这一基本前提促使社会工作专业朝着拥有全面性、综合性知识基础的方向发展，尊重多元价值体系，推崇拥有广博的专业技巧。

三、青少年社会工作服务计划设计

计划设计是社会工作服务的重要工作内容，包括评估需求、理论分析、确定目的和目标、制订方案、评估方法等要素。

青少年服务计划设计是指社会工作者为达到一定的服务目的而开展的一系列活动设计。包括计划的过程和计划的结果两个层面的内容。

计划设计的类型根据设计方案形成的不同依据，可分为社会问题取向和个人需求取向两种类型。社会问题取向指计划设计是通过问题分析、诊断、方案设计的过程来完成的。个人需求取向指服务方案的设计是回应服务对象的需要，因此在整个服务方案的策划过程中，社会工作者是发起者和推动者的作用，通过与服务对象建立关系，然后发动服务对象挖掘自己的需求，社会工作者和服务对象应共同收集各类服务信息，并在对各类信息进行分析的基础上形成符合服务对象需要的各类服务方案。个人需求为本取向的活动策划，是服务对象自主意识提升和能力增强的过程。

影响计划设计的主要因素包括：机构的宗旨，包括服务对象、基本立场、工作取向等方面的内容；服务对象的需要，任何社会工作服务方案的制订，都要充分考虑服务对象的需要；资源条件，包括人、财、物等各种物质性资源和权力、关系等非物资性资源；计划设计的理论基础，包括心理学、社会学、社会工作实务技巧等在内的理论基础，是计划设计的重要依据；服务对象的参与，社会工作服务的重要目标是实现服务对象社会功能的改善和提高。社会工作者通过促进和协助，实现服务对象对活动策划过程的参与，是计划设计本身要实现的目的之一。

计划设计的主要步骤包括：

（1）评估需要。包括确定目标对象和了解目标对象的特性和问题两个部分。目标对象是指社会工作者通过活动介入希望予以改变的对象。目标对象的特性和问题需要调查和进一步的资料收集。

（2）确定目的及目标。是指希望能达到的比较长远的结果，目的陈述一般是比较概括的；目标则具体地指出社会工作者期望活动完成后的指定时间内要达到什么改变。清楚的目标应该具有以下的条件：目标应该是与问题和目的有关联的；目标是可达到的；目标是可量度的；目标是有时限的；目标是有关联的。

（3）制订活动方案。包括活动的理念、目的和目标、对象、性质、时间、地点、程序、资源和应变计划、评估等内容。

（4）评估。评估的作用是确定活动是否达到目标，并找出日后改进的意见。评估可以分为两个类型：过程评估，主要关注活动程序的实际开展过程，过程中遭遇到的困难，将来如何避免这些困难，活动程序有哪些预期外的后果，如何加强程序的正面效果和减低负面效果，程序中是否有遗漏的环节等；结果评估，主要是对活动成效做总结性评价。

（5）撰写计划书。在完成了上述步骤后，社会工作者便可以完成活动计划书，清楚地讲解活动方案的内容、时间、财政预算、评估方法等。

分析练习：结合所学内容，对下面的青少年社会工作案例进行评析。

案例分享

关于小朗及其家庭的个案服务计划书

一、基本资料

小朗，13岁，某中学初二年级学生。近期，他因沉迷网络导致成绩大幅下滑。小朗的母亲找到社会工作者，希望可以得到帮助。

社会工作者进一步了解到，在小朗未满一岁时父母便离异。父亲因盗窃被判入狱，母亲改嫁。母亲和继父对小朗宠爱有加，特别是母亲觉得自己对不起孩子，有时候对小朗的爱显得有些刻意。在母亲眼里，小朗十岁前是个非常听话的孩子。但是，自从知道自己并非现在的父亲亲生，他就开始封闭自己。虽然没有什么明显的逆反，但总爱一个人独自待着，疏远父亲、母亲。那时，他还会和同学有交流串访。自去年开始，他便开始沉迷网络，直至不能自拔。

二、需求评估

目前，服务对象小朗面临着网络成瘾、家庭关系疏远、学业成绩下降等问题。经初步判断，小朗及其家庭面临着如下方面的需求。

首先，从小朗自身来看，他需要改善网络成瘾的现状，建立起一种正常的生活作息。

其次，从小朗的家庭层面来看，他需要有一个对自身身份和家庭关系的再认识过程，改善家庭功能。

最后，从小朗的外界环境来看，他需要得到来自学校、社区等环境中的积极因素给予的支持和理解。

三、理论基础

认知行为理论认为，一个人的行为主要受其认知的影响。如果一个人的认知是错误的，那么他的行为和情绪很有可能就是错的。反过来，如果一个人的认知是正确的，那么就有可能帮助建立起正确的行为。因此，要改变一个人的行为和情绪，必须首先改变其认知。改变其认知的途径包括两方面：一是增强服务对象的自我约束和自我控制能力；二是从加强外部监督，达到内在控制和外在监督相结合。

针对小朗这个家庭的需求，小朗之所以沉溺网络是由其情绪情感上遭受的挫折所导致的。因此，改善他对“不是亲生”这一问题的认识、提升其家庭身份认同、恢复正常的家庭关系是帮助他在行为上脱离网络世界的重要前提。认知行为理论可以较好地解决这个问题。

四、服务目标

认识到自己的偏差，改变案主逃避真实生活的生活状态，帮助其发现自己生活的温馨；

逐渐戒除网瘾，回归正常生活。

五、服务计划

根据该家庭的情况，社工采取个案工作方法，遵循个案工作的流程开展相关服务，具体内容和工作安排如下：

（1）接案：本案是在社区发掘到的个案。我们先了解基本情况，并约定上门走访的时间。

（2）资料收集：进一步确认服务对象的问题和需求。

（3）得到服务对象的信任，确认工作关系。

（4）进一步接触案主，切入工作重点。

（5）帮助案主做好接受现实的准备，并与其共同克服可能存在的困难。

（6）着重注意案主的心理变化，时时给予关心、引导和帮助。

（7）积极帮助案主与父母和周围的同学搞好交流沟通，预防案主可能存在的情绪波动。

（8）跟进服务，如果案主的状况良好，工作人员结案。

六、服务评估

社工采取过程评估和结果评估两种方式展开评估。

（1）过程评估。针对社工初次接触服务对象到准备结案这一整个过程，展开评估，做好个案记录和阶段性反思。

（2）结果评估。针对该家庭个案所取得的最终效果展开评估与反思。

七、经费预算（略）

八、预计困难与解决方法（略）

资料来源：本案例改编自网络 .

练一练

多项选择题

某社区属老旧小区，社区居民中下岗工人多，经济收入低，社区内青少年初中毕业辍学在家或读职业中专的比较多，他们经常出没网吧或游戏厅。社会工作者走访了几个青少年家庭，发现亲子冲突较多，不少家庭担心孩子学历低，将来找不到好工作，整天无所事事，也可能会被某些不怀好意的人带坏走上犯罪的道路。针对这一现状，社会工作者适合开展的服务有（　　）。【2012 年初级社会工作实务考试真题】

A. 开展改善亲子关系的教育活动

B. 组织提升青少年社会交往能力的交友小组

C. 开展提升青少年职业意识和技能的职业交流

D. 组织减少青少年偏差行为的小组

E. 建立预防青少年犯罪的社区网络

【解析】社会工作者针对社区内处于失业状态的青少年群体，开展整合社区资源、促进青少年就业的服务计划。通过整合政策资源、信息资源，建立社区内不同组织和群体间的沟通交流机制，使得社区成员间的资讯分享以及知识、技能学习和价值观的培育成为现实，创造和重新整合了社区成员间的关系，使新的或潜在的资源得以运用。社会工作者走访了几个青少年家庭，发现亲子冲突较多，因此需要开展改善亲子关系的教育活动；社区青年辍学在家、学历低、没有工作、无所事事，需要提升这些青少年的职业意识和技能水平；社区青年流连网吧或游戏厅，属于行为偏差，需要纠正；要建立预防犯罪的社区网络，防患于未然。本题正确答案为 ACDE。

学完本部分内容后，你知道青少年社会工作的主要方法了吗？你会设计青少年服务计划了吗？

如果你能列举不同方法在青少年社会工作中的运用并能够设计青少年服务计划，那么，恭喜你，你已经掌握了青少年社会工作的方法。

到这里，本单元的学习之旅就算告一段落了，请做好复习总结。

拓展阅读

TUOZHANYUEDU

1. 颜小钗，李海雁 . 青少年社会工作服务领域国家级标准发布 . 中国社会工作，2019（19）：5.

2. 徐选国，陈琼 . 社会工作成长小组模式建构——青少年社会工作实践的新领域 . 社会工作（下半月），2010（07）：53-55.

3. 徐从德 . 香港青少年社会工作服务及对内地的启示 . 社会工作，2014（01）：92-99.

4. 彭振 . 历奇辅导对青少年社会工作实务的启示 . 山东青年政治学院学报，2014，30（04）：55-58.

单元小结

DANYUANXIAOJIE

本单元主要讲述了青少年的概念、青少年社会工作的概念、青少年的特点和需求、青少年社会工作的主要内容以及青少年社会工作的方法。学完本单元，我们要能够与青少年交朋友，学会倾听青少年的声音，在服务过程中要充分认识青少年的特点，并能够将自己的人生经验和经历与青少年分享，同时注意专业技巧的把握。

以上就是本单元的全部内容，感谢大家的辛苦努力，继续保持，加油！

Unit 4

第四单元

老年社会工作

学习导引

我们都知道，人到老年，不再有少年的狂妄、青春的浪漫，却增添了对人生的感悟和理解。人到老年，不再有童年的笑脸、青春的美丽，胸怀却开始变得越来越宽广，装得下四海风云，容得下千古恩怨。

人到老年，身体的各种机能开始下降，从而出现身体上的各种问题，如行走不便、智力和视力减退等，同时面临着生病和死亡的威胁，这些问题并不是每一个老年人都能从容应对的。那么，社会工作在老年人提供服务中能够发挥哪些作用呢？接下来就让我们一起进入本单元的课程，学习老年社会工作的内容和方法。

学习目标

学完本单元内容之后，我们能够：

（1）描述老年人的特点及需求；

（2）阐述老年社会工作的主要内容；

（3）根据老年人的实际需求，提出社会工作介入策略。

接下来，我们一步步深入理解本单元的学习内容。首先，我们来熟悉一下本单元内容的整体框架。

知识结构图

以下是本单元内容的整体框架以及学习这部分内容的思维过程规划。此图可以帮助大家从整体上了解本单元内容的知识结构和学习路径，包括老年人的特点及需求、老年社会工作的主要内容、老年社会工作的理论与方法等，请大家仔细品读和理解，帮助自己建立对本部分知识的整体印象。

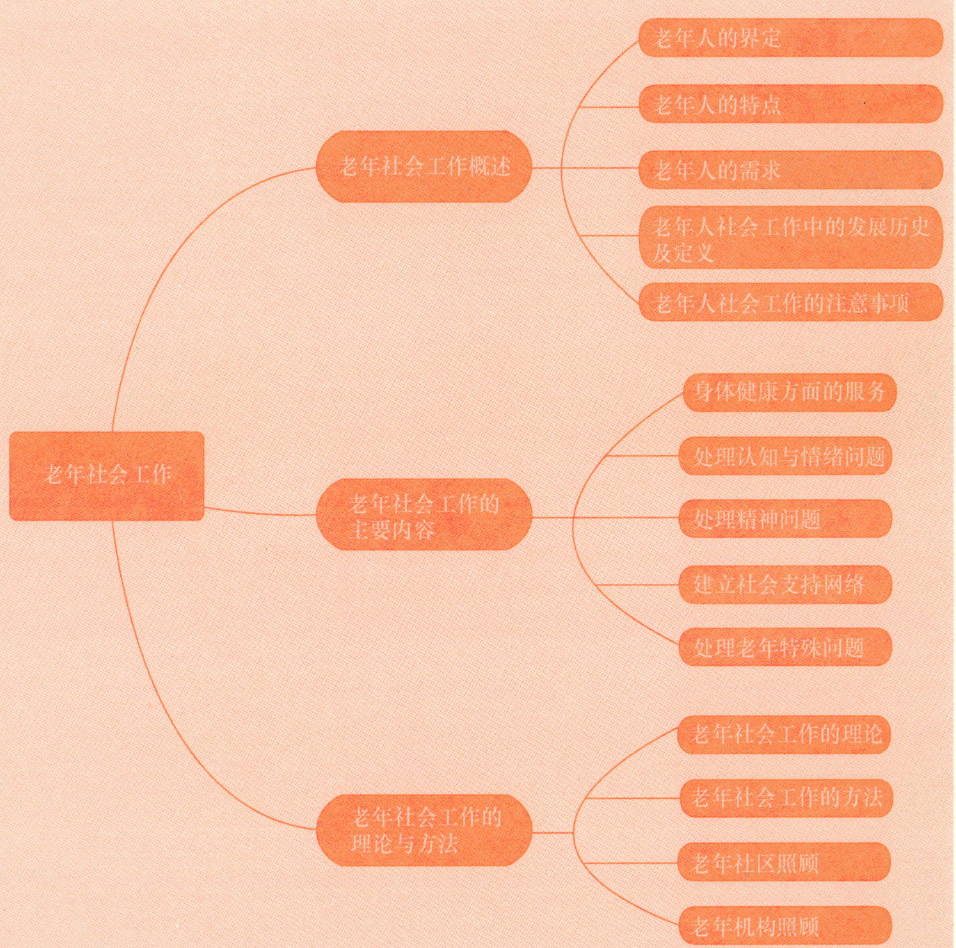

看完上面的知识结构图后，大家是否已经对本单元所要学的内容以及如何学习这些内容，有了一个初步的整体印象了呢？接下来，让我们在这个整体框架的指引下来逐一学习每个知识点的具体内容。我们需要重点学习老年人的特点和需求、老年社会工作的主要内容和老年社会工作的理论与方法。在学完这些内容的基础上，你可以试着将理论与实务相结合，这样可以帮助你更好地内化所学内容。

知识点 1 老年社会工作概述

学前阅读：重阳节

重阳节，又称老人节，在每年农历的九月九日，是汉族的传统节日，因《易经》中把“六”定为阴数，把“九”定为阳数，九月九日，日月并阳，两九相重，故而叫重阳，也叫重九。重阳节早在战国时期就已经形成，到了唐代，重阳被正式定为民间节日，此后历朝历代沿袭至今。民间在该日有登高的风俗，所以重阳节又称“登高节”，此外还有茱萸节、菊花节等说法。人们在庆祝重阳节时一般会登高、赏菊、喝菊花酒、插茱萸等。另外，由于九月初九是“久久”的谐音，有长久之意，所以常在此日举行祭祖与敬老崇孝活动。重阳节与除夕、清明、中元一起构成了中国祭祖的四大传统节日。2012 年 12 月 28 日，全国人大常委会表决通过《老年人权益保障法》，法律明确规定每年农历九月九日（重阳节）为老年节。

本节知识重点

学习提示：在本部分，我们需要重点关注老年的特点和需求。

一、老年人的界定

生活中人们常常把国家规定的退休年龄作为老年期的开始，我国政府则多以 60 岁以上的人为老年人，一般把 60～69 岁的人称为低龄老年人，70～79 岁的人称为中龄老年人，80 岁以上的人称为高龄老年人。

（一）生理年龄对老年生活适应的影响

生理年龄是指按人的生理状态、生理功能以及反映这些状态和功能的生理指标确定的个体年龄。生理年龄常常是一个人日常功能发挥的最重要的影响因素，在很大程度上决定了老人的生活安排和生活方式。

（二）心理年龄对老年生活适应的影响

心理年龄是指根据个体心理活动的程度来确定的个体年龄。心理年龄在很大程度上决定了老人的人格特点、情绪特点和应对问题的方式。

（三）社会年龄对老年生活适应的影响

社会年龄是指根据一个人在与其他人交往中的角色作用来确定的个体年龄，社会年龄常常在很大程度上决定了个人所扮演的社会角色，直接影响个人的自我概念和自我价值感。

二、老年人的特点

（一）生理的老化

生理的老化是指当人的各种器官达到成熟期后，会逐渐地丧失其功能的现象。从生物学意义上讲，老年除了代表生理年龄的增加，也表示人体渐渐失去自我更新的能力。

（二）心理的老化

心理学意义上的老化是指老年人个人的感官过程的变化，包括知觉、智力、解决问题、理解过程、学习及再学习过程、内驱力以及情绪等方面能力的降低，并由此而产生的反应迟缓现象。

（三）社会的老化

角色理论是有关较年老的人的角色变化和角色丧失的影响的理论。当个体经历老化过程所带来的变化时，他们会丧失象征中年的社会角色和社会关系。这一理论认为成功的老年在很大程度上取决于对角色变化和角色丧失的调整适应。

三、老年人的需求

老年人的需求主要表现在以下方面：

（1）健康维护。老年期是疾病多发期，健康维护、建立健康的生活方式是老年人最为关注和渴望满足的需求。

（2）经济保障。在传统社会中，老年人依靠子女提供经济供养，基本没有后顾之忧。现代社会中，在延期支付的养老保险制度安排下，老年人关心的是有没有资格领取养老金、能不能按时足额领到养老金、领到的养老金够不够维持基本生活所需等。

（3）就业休闲。许多达到退休年龄的老年人，还有继续工作的愿望和需求，希望发挥专长；也有许多老年人过去忙于事业无暇休闲，现在闲下来打算好好享受生活，因此养花、养宠物、书法绘画、外出旅游等成为他们的新需求。

（4）社会参与。老年人要贡献社会，需要广泛参与社会生活，特别是深度参与社会生活的各个方面。

（5）婚姻家庭。老年人有维持和向往美好婚姻家庭生活的权利。伴侣和家庭支持系统对于老年人获得良好的生命质量和生活质量具有十分重要的意义。

（6）居家安全。家居条件的改善、居住环境的安全，是老年人所关注的。

（7）身后事宜安排。许多老年人十分关心自己身后事宜的安排，包括子女的生活、财产的处置、墓地的购置、后事的操办等。

（8）一条龙照顾服务。伴随老化过程，老年人在各阶段会有不同的照顾需要，可能需要接受居家养老、社区照顾、院舍照顾等不同类型的服务，需要不同类型的照顾之间有良好的整合与过渡。

四、老年社会工作的发展历史及定义

（一）老年社会工作的发展历史

工业革命之前，西欧及美国都因社会现实的需要而制定了各种济贫法案以协助贫民，其中受助者大部分为贫弱老人。工业革命之后，贫富差距日渐悬殊，贫穷人口比例逐年上升，同时医疗卫生条件的改善使得人口平均寿命延长，人口结构趋于老化。老年人问题的日益突出和老年人福利方面的需要越来越显重要，从而受到西方许多国家的重视，各国纷纷提出各种相关问题的解决办法，并进行各种针对性研究，以求专业服务的发展。1886 年，英国的查尔布斯（Booth Charls）在伦敦进行调查时发现，大部分的老年人都在贫穷线上挣扎，于是他提出老年人必须由社会来照顾的观念。同时期英格兰的另一研究发现贫穷与人口结构的改变、老年、失业等因素具有因果关系，并积极呼吁政府推行老年和贫民生活保障等方面的政策。

追根究底，专业地为老年人服务工作可以追溯到 20 世纪初英国颁布的《养老金法》、1935 年美国历史上著名的《社会安全法案》以及 20 世纪 40 年代英国发布的贝弗里奇报告书等，这些政策以法律的形式规定了老年人的权利和义务，以及政府和社会应该承担的为老年人服务的责任。

直至今日，老年社会工作的重要性不仅体现在补救性和预防性的功能上，而且越来越多地表现在诸如挖掘老年人的潜能、协助老年人体现晚年人生价值、倡导老年人互助等发展性的功能方面。

需要说明的是，中国古代也有很多老年人福利思想和福利措施。老年社会工作的兴起与老年人福利思想的发展和老年人福利措施的实施具有密切关系，老年人福利思想和福利措施在中国起源较早，舜以“孝”治天下，周公制六礼，“乡饮酒”礼就是提倡敬老的制度化和普遍化。此外，孔子一生“追求老者安之”，《礼运大同篇》的大同世界的目标是“人不独亲其亲、子其子，使老有所终，壮有所用，幼有所长”，孟子也倡导“老吾老以及人之老”。

（二）老年社会工作的定义

老年社会工作是为了应对老年问题而产生的一种专业服务活动。我们把有意无意地坚持社会工作的理念，坚持在对老年人服务中的人文关怀，有意无意地使用了一些社会工作的服务手法，并且对老年人的服务基本上都围绕着对老年人困难的帮助或对老年人发展需要的服务社区和机构两个方面展开的工作，都视为老年社会工作或者老年社会工作的萌芽状态。但是，从专业的角度而言，所谓的老年社会工作是指受专业训练的社会工作者在专业的价值理念指导下，充分运用社会工作的理论和方法，为在生活中遭受各种困难而暂时丧失社会功能的老年人解决问题、摆脱困境并同时推动更多的老年人获得进一步发展的专业服务活动。

这个定义明确指出了以下两点：

第一，老年社会工作的对象既包括贫困、残疾、失独等特殊群体的老人，也包括一般的健康老人。很多时候老年人周围的人，如家庭成员、亲属、朋友、邻居、志愿者等也会成为老年社会工作的对象。更宏观地看，单位和服务组织也有可能成为老年社会工作的对象。

第二，我国老年工作的根本目标是促进“老有所养、老有所医、老有所教、老有所学、老有所为、老有所乐”。在个体层面，老年社会工作的目的是要协助老年人解决因为年老而带来的问题，维持良好的日常生活功能。在宏观层面，老年社会工作者还参与制定有关老年人的社会服务方案及相关政策，致力于建立一个不分年龄、人人共享的社会。老年社会工作的重点是让老年人获得更好的社会支持，建立更好的社会网络和社会资源，积极与社会保持接触，应对好年龄渐长所带来的挑战，乐享晚年。

知识拓展

“养老”在中国古代的礼制中有着重要的地位。据《礼记·王制》记载：“殷人养国老于右学，养庶老于左学；周人养国老于东胶，养庶老于虞庠。”汉代，统治者强调以孝道治理天下。《王杖诏书》中规定：70岁以上的老人，朝廷赐给手杖。凭此杖，老人可享受600石俸禄的官吏待遇。同时在乡里设三老，选地方年长且德高望重者任职，负责教化地方，解决民间纠纷。唐宋以后，保持了由皇帝宴请老人的习俗，称为“观酺”。如康熙六十大寿时，举办“千叟宴”，宴请天下老人。同时在全社会旌表高寿老人，对于年过百岁者，“照例给予建坊银，赠‘升平人瑞’匾额”。

五、老年社会工作的注意事项

（一）价值观问题

社会的价值观可能会影响社会工作者对待老年人的态度和行为。当今社会，年龄歧视依然存在，对伤残的、不能工作的、不能运用先进技术和丧失青春活力的老人常常会有贬损的看法。社会工作者要对年龄歧视问题保持敏感，防止把社会的不当价值观带入工作中。

（二）移情与工作倦怠问题

老年社会工作会直面许多老年人的人生问题，如疾病、伤残、死亡等，社会工作者会不由自主地想到自己的晚年，对处理这些问题感到焦虑、沉重。而个人以往与老年人打交道的经历，特别是跟家中老年人的交往也会导致对老年服务对象抱有特殊的感情，出现反移情。这可能会表现为对老人特别不好，缺乏耐心或关怀，也可能表现为对老人过度保护，想要“拯救”老人。社会工作者对此要特别注意。此外，长期做有些服务对象的工作，如患老年痴呆症的服务对象的工作，可能会让人感到身心倦怠，觉得自己的工作没有价值。社会工作者应敏锐地体察自己的情绪状态，并采取应对措施。

练一练

多项选择题

80 岁的老李有 3 个儿子和 1 个女儿。5 年前老伴过世后，老李的身体每况愈下，健康状况堪忧，无法劳动，被安排轮流在几个孩子家生活。最近，老李不再想“流动”下去，就和女儿商议，在她家安度晚年，并把自己的房子留给女儿。三个儿子得知此事后，纷纷与父亲翻脸。老李面临的主要问题包括（　　）。

A. 经济闲难　　B. 无用感

C. 疾病问题　　D. 合法权益受损

E. 孤独感

【解析】本题主要考查的是老年阶段的特征。退出就业领域可能产生无用感，经济收入减少会发生生活上的困难，退出社会生活的主要领域会使人际关系淡化，进而产生孤独感。各类疾病增加受到疾病的折磨。社会工作者应该维护老年人权益、促进老年人实现其社会功能，并强化老年人的自我权能。本题正确答案为 BCDE。

学完上面的内容后，大家是否已经对老年社会工作概述的相关内容有了一个较为全面的认识和理解呢？

在本部分内容中，如果你能复述老年的特点、需求以及老年社会工作的定义，那么恭喜你，你已经掌握了本部分的内容。

请你做好本部分的梳理总结，稍做休息，我们继续进行下一个知识点的学习。

知识点 2　老年社会工作的主要内容

学前欣赏：当你老了

“当你老了，头发白了，睡意昏沉，当你老了，走不动了，炉火旁打盹，回忆青春，多少人曾爱你青春欢唱的时辰，爱慕你的美丽，假意或真心，只有一个人还爱你虔诚的灵魂，爱你苍老的脸上的皱纹……”静心去欣赏《当你老了》这首歌曲，感受“当你老了”！

接下来，让我们一起来了解老年社会工作的主要内容。

本节知识重点

学习提示：接下来我们将继续学习老年社会工作的主要内容，包括身体健康方面的服务、处理认知与情绪问题、处理精神问题、建立社会支持网络、处理老年特殊问题等。

一、身体健康方面的服务

健康促进服务是为老年人提供的与身心健康直接有关的治疗、康复、预防等方面的服务，主要内容包括健康风险评估、例行体检、营养咨询与教育、有关慢性病的健康教育推广活动、开展锻炼身体方案、提供精神健康服务等。与健康照顾有关的服务主要有：

（1）送餐服务、家庭病床服务、家务服务、探访、电话慰问等个人帮助；

（2）出行和行动服务，包括手杖、轮椅和住所改造等辅助手段的提供；

（3）紧急呼叫系统安装等技术支持；

（4）信息服务、转介服务、志愿服务、代际互助服务、日托服务、营养配餐服务、法律服务、出行服务、房屋修缮维护服务、照顾人缓解服务、院舍服务等专门服务项目的提供等。

二、处理认知与情绪问题

抑郁症、痴呆症、谵妄和焦虑症是老年人最常见的四个认知和情绪问题。抑郁症主要影响老年人的情绪和情感；痴呆症影响老年人的认知和智力功能；谵妄类似痴呆症，但它发病突然，并且有生理方面的原因，这些生理方面的问题往往都可以逆转；焦虑症的典型特点是过度忧虑，有非理性的恐惧，并抱怨躯体不适，但一般来说，老年人可能只是具有焦虑行为，而并非所有此类情况的都发展为焦虑症。

老年社会工作者会处理老年人的一些认知和情绪方面的问题。做这方面的工作要注意老年人对待介入的态度，帮助老年人意识到自己的各种情感状态也可能是介入工作中非常重要的部分。

三、处理精神问题

许多关于老年人的理论和日常看法都把老年人看作是一个脆弱的群体，进而认为只需要把他们供养和照顾起来就可以了。其实，这些看法忽视了老年人也是有潜能和可以改变的，除了物质需求，老年人也有其他需求等。

在老年社会工作的实践中，有许多理论作为宏观背景用以指导老年社会工作的开展，这些理论包括增权理论、标签理论、回归社会论、社会网络理论、正常化理论等。那么，在为老年人这一特殊的群体服务时，有必要把“增权”理念引入老年社会工作中来，并且应该从制度与个人等多个层面对老年人进行增权，帮助他们在晚年感到有自我价值，能够有尊严、有价值地生活。

案例分享

75 岁的石奶奶实现了自己的愿望，从心脏科出院回到了家里。她丈夫去年刚去世，几个子女大学毕业后均在其他城市生活，她独自一人靠一笔很少的低保金和丈夫留下来的一些钱生活。石奶奶回到家里时，身体非常虚弱，而且很抑郁，对自己将来的生活起居非常担心，她的身体也由于心脏病而日趋衰弱。孙阿姨是她的邻居，她自己身体也不是很好，也为石奶奶的情况感到担心，她决定替石奶奶联系一家当地的服务机构。

当石奶奶接到社会工作者的电话时，她拒绝接受正式的服务，但社工还是决定再次主动联系她，社工坚持一定要看看石奶奶现在的情况，并看看她有什么需要。石奶奶不稳定的情况让社工很担心，该社工知道，如果石奶奶万一跌倒，或是营养不足，或是不坚持吃药，都有可能进入老人护理医院。慢慢地，社工和石奶奶建立了联系，石奶奶开始信任社工，相信社工不是要故意把她弄到老人护理医院去。在家里闷了一个星期以后，石奶奶主动要求社工帮她找一名清洁工，替她收拾卫生，再找一名帮手替她到附近超市买东西。从石奶奶的角度来看，她想在决定接受任何服务之前，确定社工能否尊重她的需要。

自此，石奶奶进入了一个复杂的长期照顾服务网络之中。很幸运的是，她碰到了一个知道以增权理论、优势视角提供服务的社工，该社工知道与石奶奶建立友善关系的重要性。如果不运用这种模式，很多和石奶奶一样的老年人甚至不会考虑接受任何服务。以增权取向为基础的优势视角的老年社会工作方法是针对像石奶奶一样的老年人，该理论会根据他们的健康状况而决定采取不同类型的服务和不同程度的护理。尊重个人的尊严、充分挖掘案主的潜能，是该模式在运用中始终贯穿的基本原则和方法，另外社工在运用该模式时还要注意老年案主身份的独特性以及他们接受服务时可能面对的其他障碍。以增权取向、优势视角进行实践的社会工作者的关注点，在于帮助老年案主获得让他们可以克服自己生活困难的优势、发现存在于其自身的潜能。

要理解老年人的行为方式，重要的是理解老年人在精神上如何界定自己的现实世界。有关老年人的精神生活有五点非常重要：老年人珍惜当下非常重要，包括欣赏时间的珍贵，学习享受生活；找到往事的意义，以此建构生命的意义；直面自己的局限，看到过往生活的缺憾；接受生活中好的一面和不好的一面，寻求和解和宽恕，弥补过往生活留下的缺憾；拓展个人爱好和同情的圈子。

四、建立社会支持网络

（一）正式支持

正式支持体系主要由政府的老年工作组织机构和涉老组织机构构成，主要支持内容涉及贫困救助、生活照料、危机干预、老年人权益保障等多个方面的内容。它依据的是老年社会保障、老年福利与服务、老年卫生、老年文化教育和体育、老年人权益保障以及老龄产业等多方面内容的法律法规和政策。

（二）非正式支持

非正式支持体系的构成包括：家庭成员（主要是子女）对父母的养老支持；亲属（兄弟姐妹及远亲、姻亲等）对老年人的支持；非亲属对老年人的支持，如邻居、朋友、同事、慈善机构、非政府组织、社会志愿服务等。

五、处理老年特殊问题

（一）虐待、疏于照顾问题

虐待老人指的是恶意对待老人，在身体、情感、心理及经济方面对老人采取非人道的做法。疏于照顾老人既包括主动也包括被动地让老人得不到所需要的照顾，导致老人的身体、情绪或心理方面的健康衰退。社会工作的主要介入措施有以下几点：维护老人的合法权益，保护老人免受经济方面的剥夺；为不同境况中被虐待和被疏于照顾的老人提供救助性服务；为不同境况中被虐待和被疏于照顾的老人构建正式和非正式社会支持网络；做政策方面的倡导和舆论方面的呼吁，改变和调整被虐待和被疏于照顾老人的家庭和社区环境。

（二）丧亲问题

社会工作者在老人濒临死亡时要做的重要工作包括：提供情感支持；代表老人及其家人争取合理权益；提供相关资讯；做丧亲辅导。

（三）临终关怀

临终关怀服务的主要内容包括：控制疼痛和症状；协助老人及其家人解决医疗费用方面的问题；提供丧亲后续服务。

临终关怀的指导原则包括：病人及其家人是主要的照顾对象，临终者及其社会支持系统在临终者离世的过程中有一些特殊的需要；由多学科人员组成的团队负责提供临终照顾，团队成员包括身心健康方面的专业人员和满足精神需求的人员，承认临终者及其家人有生理、心理、社会和精神方面的全面需要；控制疼痛和病症是第一位的；提供丧亲后续服务用来支持丧亲的家人。

（四）自杀

自杀评估社会工作者需要意识到与老人自杀有关的风险因素，并通过直接的、间接的和行为上的线索加以评估。

（1）直接线索。老人若直接说“我要了结自己”或者“有时我真想结束一切”,是直接的线索，表明他正在考虑终止自己的生命。老人正在考虑的自杀手段越致命，其实施方案的可能性就越大，完成自杀企图的风险就越高。

（2）间接线索。比如，“我会很久都不在这儿”，或者“我已经厌倦了这一切”。尽管家人和专业人员可能觉得这样的话让人恼怒，但是这是老人在绝望地呼救，不可以视而不见。

（3）行为线索。国外学者提出下面一些线索表明老人有自杀倾向：企图自杀或者过去自杀过；买了武器；储存药物；出人意料地留遗嘱或修改遗嘱；突然开始筹划葬礼安排；突然把贵重物品送人；非本人性格特点的不在意自己或不做家务；长期情绪焦灼动荡或抑郁却突然变得安稳、平和。

（4）干预措施。老年社会工作者在做显示出自杀倾向的老人的工作时，要把工作聚焦在当前促使老人决定终结生命的危机上。老年社会工作者首先要清除眼前的危险，如储存的药物；动员老人外部环境中的资源，诸如家人和朋友的力量。

案例分享

老年社会工作介入对退休老年人的案例分析

当前，离退休干部的总体数量快速增长，离退休干部是我国重要的老年人群体。离退休干部部门工作侧重政治性、管理相对封闭、人员配备不足等问题制约了离退休干部服务的质量和发展。老年社会工作是一种专业的、有价值理念支配的服务活动，对老年人有着恢复、预防、发展的功能。离退休干部部门引入老年社会工作来共同服务离退休干部，既可以提高服务的专业水平和质量，又可以解决机关工作人员不足与老干部服务需求日益增长的矛盾，这不失为一种明智的选择，也是未来社会发展的趋势。

一、案主资料

案例：李某，男，60岁，老党员，任行政机关领导多年，今年退休，现与老伴住一起，儿女都在外地工作，女儿在北京的国企工作，儿子在上海的航空公司工作，老两口衣食无忧，退休后工资待遇也比较丰厚，家庭条件是很不错的。工作的时候李某是一个比较认真、积极的人，每天都比较忙碌，退休后他突然没有事情做，每天就是看看电视。刚开始的时候还安慰自己，忙碌了几十年，趁现在退休好好休息，让自己的生活安静下来，也尝试着种种花草，晚饭后也会陪着老伴去广场散散步，去小区附近转一转。但时间长了，他渐渐感到时间过得很慢，每天都在重复一样的生活，生活变得毫无意义。早上起床后感到没什么大事可做，十分无聊，心里有一种说不出的失落感，常坐在那里叹气，闷闷不乐。李某是个比较中规中矩的人，比较严肃，办事情比较认真，对家里和子女过问比较少，好在子女比较出息，目前都有自己的工作，在外发展不需要操心，但是儿子、女儿都不太喜欢和李某打电话沟通，讨厌他因为某件事情发生争执、家务事也不太喜欢过问。但其实，老伴对于李某的种种缺点，都可以理解，当一个领导也不是很轻松的事情，脾气不好也是可以理解的，还没有退休的时候她也与李某商量过，退休后打算怎么度过接下来的退休生活。当时李某也很轻松地说，退休后要享受生活，健身、养花，把这些年缺少的休息时间都补回来。结果，退休的年龄到了，刚开始李某还真是按照自己说的来做，可是时间长了，就开始厌倦这样的生活，觉得这样枯燥无味，现在的脾气也是越来越大。

二、问题分析

（一）社会因素

老年期是人生的最后一个重要转折期，其中最突出的特点是离退休导致了老年人长期以来形成的主导活动和社会角色的转变，由此引发老年人的心理发生波动和变化。

（1）从忙碌的职业角色转变为闲暇的家庭角色。老李退休后，离开了原有的工作岗位和社会生活，即从职业角色转入闲暇角色，这种角色转换对老年人的生活和心理是一次很大的冲击。其一，工作是生活的主要收入来源，离退休首先意味着老年人经济收入的减少；其二，职业历程是人们获得满足感、充实感和成就感的重要形式，是实现自我价值的重要途径，而老年人正在丧失这一体验；其三，离退休还打破了老年人在工作时养成的特定的生活方式和生活习惯，常使老人茫然不知所措。

（2）从主体角色转变为配角。老年人退休前，有自己的工作、人际关系和稳定的经济收入，子女在很多方面特别是经济方面依赖于父母，这使老年人在社会上有被认可、被尊重的荣誉感和成就感，在家庭中则有一家之主的权威感。退休后，工作带来的成就感消失，老年人的社会价值下降，从社会财富的创造者转变为社会财富的享受者；同时经济收入的骤减，使老年人感觉将会从过去被子女依赖转向依赖于子女，在家庭中原有的主体角色和权威感也随之丧失，失落感、自卑感也由此产生。

（二）家庭因素

离退休之后，老年人的生活范围退居到家庭之中，家庭成为老年人的主要活动场所和精神寄托，因此，家庭环境的好坏与否对老年人的心理将产生重要的影响。家庭的分化对老年人的生活和心理会产生一定的影响，子女与老人的分居，多在外地生活，经常和老人见不上面，不仅使老年人的日常生活难以得到子女无微不至的照顾和关心，而且对于老年人传统的家庭观念也有较大的冲击，老年人这时通常会有一种被遗弃、不被重视、不再是曾经能说了算的感受，儿女也见不到，享受不到膝下的幸福，注意力得不到转移。更重要的是，老年人期望热闹的家庭氛围，这种异地生活难免使老年人感到寂寞孤独。

三、社会工作处理原则

社会工作处理原则应该遵循：了解老年人的生理与心理特点，尊重老年人的基本看法和态度，与老年人建立信任关系，耐心、积极地倾听老年人的谈话等。

四、问题解决

（一）收集资料

（1）与老李谈话，倾听他的心声，了解老李退休前后的经济生活、人际关系、生活习惯，以及对其生活的满意度、对儿女离家的看法等，尽量了解老李个性。

（2）与案主的老伴及儿女交谈，了解案主的家庭情况。

（二）具体解决方法

（1）个案会谈。与案主进行个案会谈，时间为每星期两次，以便了解和掌握案主各个方面的适应情况，并帮助案主及时解决他所面对的困难与问题。个人行为与社会环境等理论能引导案主思考自己现在出现的行为、想法的原因，以及对其可能造成的影响，从而促进他如何去克服这些心理问题。社工在会谈中要注意老李的情绪变化，个案会谈需要讨论的话题有：1）对退休的看法。2）对老年的看法。3）对子女成家立业后，自己独立生活的看法。

（2）在社区开展老年人活动项目，增进案主与社区同龄人的交流，广交朋友。建议案主多走出家门，多参加各种文体活动和社会活动，培养兴趣爱好。通过养狗养猫、养鸟、养鱼、种花等来填补生活上的空白，增添生活的情趣，使自己精神有所寄托。

（3）家庭访谈。在此过程中，通过案主的子女了解他们简要的工作情况，案主与他们的关系，以及他们对案主的看法、评价，从而协助他们了解案主的困难，求得他们的理解和支持，共同协助案主走出心理障碍。家庭访谈中需要了解的情况有：子女们简要的工作情况，他们与案主的关系好不好以及他们的想法和态度，与案主的沟通频率，是否能够进行良好的沟通。

（4）组织案主与子女进行一次交心的会谈，让子女明白父亲的处境、面临的困难，改善子女与案主之间的关系。同时建议子女平时多打电话给案主，多回家看望案主，减少案主的孤独感，为营造融洽的家庭氛围提供条件，继而用家庭的温暖来感化案主，逐步改变案主消极的生存观。

资料来源：魏健．老年社会工作介入对退休老年人的案例分析．报刊荟萃，2018（6）．

练一练

单项选择题

社会工作者需要能够辨别与老年人自杀有关的风险因素。在下列与老年人自杀相关的线索中，风险最高的是（　　）。【2013 年初级社会工作实务考试真题】

A. 超剂量购买并藏匿安眠药

B. 对人说“有时我真想结束一切”

C. 整理行装，准备拜访故旧

D. 和老伴讲“我死了你会好过些”

【解析】社会工作者需要意识到与老人自杀有关的风险因素，并通过直接的、间接的和行为上的线索加以评估。老人直接说“我要了结自己”和“有时我真想结束一切”，并不是随便说说引人关注，而是直接的线索，表明他正在考虑终止自己的生命。本题正确答案为 B。

学完上述内容以后，大家知道应该为老年提供哪些服务了吧？老年社会工作涉及老年人精神、身体和心理等方面的服务，特别是具有自杀倾向的老年人，需要引起社会工作者的注意。

在本部分内容中，如果你能够复述老年人身体健康方面的服务，老年人认知与情绪、精神问题的知识，建立老年人社会支持网络的内容，列举说明如何处理老年特殊问题的措施。那么，恭喜你，你已经掌握了老年社会工作的主要内容。接下来，你可以继续往下学习了。

知识点 3 老年社会工作的理论与方法

学前阅读：阿尔茨海默病

阿尔茨海默病（AD）是一种起病隐匿的进行性发展的神经系统退行性疾病。临床上以记忆障碍、失语、失用、失认、视空间技能损害、执行功能障碍以及人格和行为改变等全面性痴呆表现为特征，病因迄今未明。65 岁以前发病者，称早老性痴呆；65 岁以后发病者称老年性痴呆。该病起病缓慢或隐匿，病人及家人常说不清何时起病。多见于 70 岁以上（男性平均 73 岁，女性为 75 岁）老人，少数病人在躯体疾病、骨折或精神受到刺激后症状迅速明朗化。女性较男性多（比例为 3 ∶ 1），主要表现为认知功能下降、精神症状和行为障碍、日常生活能力的逐渐下降。

接下来，让我们一起来学习老年社会工作的理论与方法的相关内容。

本节知识重点

学习提示：在这一部分内容中，我们将学习老年社会工作的相关理论和方法。

一、老年社会工作的理论

（一）社会撤离理论

社会撤离理论是在老年社会工作中引起争论最多的理论。这一理论认为，人的能力会不可避免地随年龄的增长而下降，老年人因活动力的下降和生活中角色的丧失，希望摆脱要求他们具有生产能力和竞争能力的社会期待，愿意扮演比较次要的社会角色，自愿地脱离社会。在社会撤离理论看来，老年人减少他们的活动水平，减少与人交往，关注内心的生命体验，这会使老年人过上一种平静而令人满意的晚年生活。而且，老年人主动地撤离社会，能使社会权力井然有序地实现交接，社会也不会因老年人的死亡而功能受损。因此，社会撤离理论认为，老年人从社会主流生活中的撤离，无论这一过程是因老年人自愿的还是由社会引起的，对社会和个人都会产生积极影响。

尽管社会撤离理论不乏其合理之处，但其理论前提（假设所有老年人都愿脱离社会）是不成立的，也是与社会工作所背离的，理由如下：

（1）随着物质生活水平的提高和医疗条件的普遍改善，老年人预期寿命延长，他们在离开工作岗位后还可生活 20~30 年，因此，如何保持其退休后的活动已成为各国老年社会工作者正在思考的问题。

（2）无法证明老年人退出有用的社会角色必定对社会有利。事实上，由于每个人在社会结构中所处地位的不同，因而每个人脱离社会的程度是不一样的。一些人 80 岁仍担任国家要职，而一些人 55 岁就只能提前退休。在文、教、科、卫行业，许多 60 岁以上的老年人，在社会生活中发挥着不可替代的积极作用。

（3）社会撤离理论忽视了个性在一个人适应衰老过程中所起的作用。许多老年人一生中都愿意保持一种活动水平较高的生活方式，这与他们的生活满意度直接相关。世界范围内出现了越来越多的老年志愿工作者，是对这一情形最好的诠释。实际的社会工作也已证明，那些与人交往频繁、积极参与社会生活的老年人比那些独处的老人更倾向于身心健康。

（二）符号互动理论

符号互动理论又称作相互作用理论。该理论认为，人们是在他们的社会环境中、在与他人的交往中获得他们的自我概念的。换句话说，人们是根据他人对自己的评判、态度来思考自身的。一旦他人把我们归入自我概念，我们便会不由自主地根据他人划分对自己作出反应，从而形成自我概念。例如，如果整个社会对老年人采取歧视的态度，必然会对老年人的自我认知产生影响。如果老年人每天听到的广播、看到的电视、外出购物所目睹的一切，都把老年人描绘成昏庸、老朽、无用，那么这些信息的积累，自然会对老年人的自我观念产生否定性的认识，让他们感到自己不再有能力，对家人和社会都是负担，从而使他们与社会产生隔离感。从符号互动理论又派生出了社会损害理论和社会重建理论。

社会损害理论是泛指有时老年人一些正常的情绪反应，会被他人视为病兆而作出过分的反应，从而对老人的自我认知带来损害。例如，一位因丧偶心情痛苦的老人，询问子女自己是否应该搬过去与其同住。这种询问就很可能被子女视为老人无能力再作出任何决定的表现，从此凡事处处为老人做决定。这种关心久而久之就会让老人觉得自己的确缺乏能力而把一切决定权都交给子女。即接受消极标志的老人随后进入消极和依赖的地位，丧失原先的独立自主能力。现实生活中有太多的案例表明，对老年人的过分关心会导致老年人认为自己无用的错误认知，从而对老年人的身心带来损害。这一理论对老年社工具有深刻的启示意义。

社会重建理论则意在改变老年人生存的客观环境以帮助老年人重建自信心。社会重建理论的基本模式是：第一阶段：让老人了解到社会上存在对老年人的偏见及错误观念。第二阶段：改善老年人的客观环境，通过提倡政府资助的服务来解决老年人的住房、医疗、贫困等问题。第三阶段：鼓励老人的自我计划、自我决定，增强老人自我解决问题的能力。

（三）社会交换理论

社会交换理论以行为心理学和功利主义经济学为理论依据，认为社会互动是一种双方交换的行为，在交换过程中双方都会考虑各自的利益，企图根据他们在某些方面的利益来选择相互作用，当互动双方都达不到自我的目的，社会互动就会趋向停止。在社会交换理论看来，人们是通过掌握物质财富、能力、成就、健康、美丽等社会认可的权力资源来确定自己的社会地位的。

在社会中，大多数老人掌握的权力资源比较少，因此，他们的社会地位便相应地下降。由于老年人缺乏可供交换的资源，所以他们在社会中只扮演屈从和依赖的角色。鉴于此，社会交换理论提出，发展与老年人有关的政策和社会服务的原则就应当是力求最大限度地增加老年人的权力资源，以保持老年人在社会互动中的互惠性、活动性和独立性。即应该让老年人拥有可供交换的资源，让他们感到自己有用，仍能给下一代提供帮助和支持；帮助老年人意识到他们曾经被尊敬、被需要以及对社会作出过巨大的贡献。

（四）活动理论

活动理论与社会撤离理论的基本观点正好相反，认为活动水平高的老年人比活动水平低的老年人更容易感到生活满意和更能适应社会。

活动理论主张老年人应该尽可能长久地保持中年人的生活方式以否定老年的存在，用新的角色取代因丧偶或退休而失去的角色，从而把自身与社会的距离缩小到最低限度。活动理论提出的基本的观点为大多数老年社会工作者所肯定。在老年社会工作者看来，社会不仅在态度上应鼓励老年人积极参与他们力所能及的一切社会活动，而且应努力为老年人参与社会提供条件。现实的情况是，许多老年人想有所作为而苦于没有机会；一些老年人因退出社会主流生活而导致老年抑郁症；有些老年人因枯坐家中无人交谈而提前脑退化进程。现代医学证明，勤于用脑的人比懒于用脑的人，脑力活动退化的速度要缓慢得多，较少说话的老人比常有陪伴的老人更多患老年痴呆症。因此，让老年人保持较高的活动，积极参与社会生活，对防止老年人大脑退化具有毋庸置疑的作用。随着核心家庭和双职工家庭的增多，快速的生活节奏和竞争压力使子女很难抽出更多的时间陪伴老人，所以，鼓励老人自我调适、积极投身社会生活而不是独处一隅，就显得十分必要了。

当然，我们也不能仅以活动水平的高低来判断老年人对生活的满意程度，事实上，老年人的经济收入、生活方式、人际关系等方面都是构成老年人是否有一个幸福晚年的重要因素。我们也不能忽视如下事实：有些老年人活动不积极却也很快活，他们赋闲在家养花喂鸟以娱悦性情、读书写字达观内心。即老年人因性格差异会有截然不同的晚年生活，我们不应用一种模式去要求所有的老年人。

（五）连续性理论

无论是社会撤离理论，还是活动理论，它们共同的不足之处都在于忽视了个性在衰老过程中的作用，或片面地强调了撤离，或一味地强调了活动。连续性理论正是看到了此种局限而提出了自己的基本观点。

连续性理论认为，不论是年轻还是年老，人们都有着不同的个性和生活方式，而个性在适应衰老时起着重要的作用。总是消极或退缩的人不可能在退休后成为积极分子；同样，一贯活跃、自信和参与社会的人在老年时不可能安静地在家里。人主要的个性特点和价值观念随着年龄的增长变得更加突出。在连续性理论看来，如果一个人在老年时仍能保持中年时代的个性和生活方式，那么他（她）便会有一个幸福的晚年。因此，每个人不用去适应共同的规范，而应根据自己的个性来规定标准，这是老年人对生活感到满意的基础。对个体而言，连续又可分为内部连续（个性、爱好）和外部连续（年轻时爱踢足球，年老时踢不动了仍爱看足球比赛）。

尽管连续性理论看到了个性在人们适应衰老时所起的重要作用，但过分强调连续性又难免对老年人产生误导：当老人因健康状况不佳或财力受限而不能保持早年的生活方式时，一味对连续性的追求可能会减少老年人在晚年时的自尊，也可能妨碍老年人根据个人的愿望而改变其生活方式。这一理论的最大缺陷在于忽略了外部社会因素对人们个性改变的作用及对衰老过程的影响。事实上，对生活满意度高的老人常是那些没有拘泥于某种固定生活模式、能随社会环境的变化而不断改变其生活方式的人。

二、老年社会工作的方法

（一）缅怀往事疗法

缅怀往事疗法是基于老年人的心理特点发展而来的。老年人常回忆往事，心理学家认为这是老年的一种调节机制。适当加以引导的往事回顾对老年人来说，能完成“自我完整”这一埃里克森所说的老年期的人生任务，从而避免陷入绝望。通过回忆一生的成就，老年人能增强自己进入老年后的自尊。而且，老年人对于过往的兴趣可以弥补目前探索和把握不断变化的环境所受到的能力和机会上的限制。回顾过去痛苦的经历或者一直未能解决的冲突，能使老年人通过接受专业辅导，重整对这些事件的看法，接纳过去，或者采取行动解决问题。

缅怀往事疗法对老年人的抑郁症、自尊和社会化有积极的作用。对认知有严重问题的老年人（如患痴呆症的老年人）并不适用，但对轻微痴呆症的老年人可以有很好的成效。此外，行为错乱、有严重精神疾病的老年人和失禁的老年人不适宜用这一方法。

案例分享

老校长的“朝花夕拾”

——缅怀往事疗法在个案工作中的运用

一、服务对象基本情况

服务对象S，男，今年70岁，年轻时考入某大学政教系，毕业后回到家乡的教育系统工作。服务对象自述视力尚可，但后来听力开始下降，便辞去教务一职。现在日常交流需借助书写工具，手经常发抖，脚也会发麻，行动不便，还患有腰椎间盘突出，每天都要吃药。服务对象的妻子、儿子相继去世后，对其打击很大，他觉得自己的身体每况愈下，恐惧有一天自己也会离世，同时放心不下儿媳、孙子，经常为此感到焦虑。

二、服务对象需求分析

服务对象有以下三方面的需求：

（一）角色转换方面的需求

服务对象退休后，社会地位发生变化，扮演的社会角色发生冲突，产生紧张感和焦虑感。服务对象希望自己能适应退休生活，做到老有所为、老有所乐。

（二）情感的需求

服务对象的妻子、独子相继去世，对服务对象情感上的打击巨大，孙子和儿媳的照顾问题使得服务对象更加焦虑。此外，服务对象希望自己能老有所养、老有所依，而不是孤苦度过晚年。

（三）自我整合的需求

服务对象妻子的去世和自己身体机能的衰退，激起了服务对象对衰老和死亡的恐惧。服务对象希望自己能够不再惧怕衰老和死亡，能坦然地面对自己的生命。

三、服务目的与目标

（一）服务目的

协助服务对象感悟生命，实现自我整合的需求，接受生活现实，快乐地度过晚年。

（二）服务目标

（1）协助服务对象接受已经退休的生活现实；

（2）协助服务对象接受自己已经衰老的现实；

（3）协助服务对象认识生命，感受生命，理解生命；

（4）提供情感支持和情感陪伴，缓解消极情绪。

四、服务方法

（1）社会工作者与服务对象及身边重要他人（孙子及儿媳）建立专业关系，收集服务对象资料，评估服务对象的能力、资源等；

（2）运用缅怀往事疗法，鼓励服务对象回忆人生重大事件，以此使服务对象重新认识自己，感悟生命，重塑价值观；

（3）定期入户探访服务对象，提供情感的支持与陪伴，链接志愿者，提供陪伴服务。

五、服务内容和流程

社会工作者在开展实务过程中的具体服务内容和流程如下表所示。

阶段	内容	效果
介入初期	与社区工作人员共同入户探访服务对象，建立专业关系，同时通过访谈服务对象孙子、儿媳了解服务对象的情况，并对服务对象做出预估，与服务对象一同制订服务目标与计划。	与服务对象建立了初步的信任关系并制订好服务目标与计划。
介入中期	第一次缅怀往事：社会工作者与服务对象面谈，鼓励服务对象回忆求学的经历，服务对象与社会工作者一同总结、感悟。社会工作者带领服务对象升华感情。	服务对象主动分享自己从小学到大学的经历，以及自己在这一过程的变化：从“达则兼济天下”到“穷则独善其身”的思想转变过程，并用“往事不堪回首”来总结自己的人生。服务对象在讲述自己的求学故事时，脸上呈现有回味的表情，有幸福的感觉。

续表

阶段	内容	效果
介入中期	第二次缅怀往事：服务对象分享自己高考的故事，联系自己的孙子的学业问题，谈论自己对高考的看法以及对当代学生的期望。	服务对象早早地等待着社会工作者来听自己讲故事。分享完自己的故事后，服务对象主动地把自己的担忧告诉社会工作者：担心自己孙子的学业问题，由于自己身体的原因不能辅导，但是请了家教，算是放了一半心；又想到了自己的儿媳，对自己还算不错，现在也要准备带着孙子改嫁，虽然心里还是会有些不舒服，但是事实已经成这样，也算是有人照顾两人了。最后，服务对象还赠送了一首诗给社会工作者。
	第三次缅怀往事：翻看旧照片，分享照片背后的故事。	服务对象像上次一样早早地等待社会工作者的探访。服务对象分享最多的就是和妻子的故事，从两人的相识讲到相知，再到妻子的离世，以及自己的感受和心理变化，并分享了自己对老年的看法和期望。
介入后期	第四次，入户探访：链接志愿者，社会工作者与志愿者一同入户探访服务对象，与其分享对价值观、哲学的看法。	服务对象对哲学很有兴趣，很高兴与志愿者一起分享哲学上的一些见解。关于价值观，服务对象主要讲了关于老年的价值观，希望自己能老有所乐、老有所养、老有所为，并下决心重新整理年轻时写的手稿，并希望能在党的 100 周年生日上送给党。
	第五次，社会工作者与志愿者一同探访服务对象，采用认知疗法，认识生老病死。	社会工作者与服务对象达成三个共识：一是生老病死是世间常态；二是自己的衰老是正常的；三是自己总有一天也会死亡，但是目前最重要的是活好当下。
	第六次，社会工作者与志愿者一同探访服务对象，坚定生活信念，处理结案情绪。	服务对象表示：自己会好好照顾自己，坦然面对生命，整理好自己的手稿，让自己老有所为；与周围的老年同伴一起生活，尽量让自己老有所乐。服务对象希望社会工作者以后可以经常来看自己，社会工作者表示虽然已经结案，但是之后的日子，会定期来探望服务对象，服务对象接受结案的事实。

六、效果评估

结合过程评估及对服务对象亲友、医护人员的访谈评估，我们认为个案开展对服务对象有一定成效。具体如下：

（1）服务对象已经接受退休的现实。服务对象是高级知识分子，社会工作者运用缅怀往事疗法提升服务对象的自我效能感，引导服务对象珍惜当下生活。经过三次缅怀往事疗法，服务对象表示要好好度过自己的老年生活，通过整理自己的手稿，完成在明年能将手稿献给党的 100 周年生日的目标。

（2）服务对象已经接受自己衰老的现实。在与社会工作者会谈中，服务对象从一开始就告诉社会工作者自己的哀伤——妻子和儿子相继去世，这让服务对象对死亡有恐惧感。通过社会工作者的引导和鼓励，服务对象在和社会工作者、志愿者探讨老年的看法和价值观的时候，表示自己从中认识到人生老病死是自然规律，也遵循这样的规律，从而对死亡的恐惧感降低。

（3）确立了“老有所为”的方向和目标。服务对象对自己的人生有了更深刻的认识，明确了自己老年的目标——整理手稿，并希望能发表。

（4）有效降低了服务对象的无助感。社会工作者为服务对象提供支持和陪伴，有效降低了服务对象的孤独感和悲伤感，为服务对象链接志愿者提供陪伴服务，拉近社区与服务对象的距离。

综上，本案中社会工作者协助服务对象感悟生命、接受生活现实，使服务对象确立了老年的目标和“老有所乐”的期望。结案时，服务对象及服务对象亲友对社会工作者评价良好，对服务对象的变化表示肯定。本案目标基本达成。

资料来源：黄金龙，蔡晓婷．老校长的“朝花夕拾”——缅怀往事疗法在个案工作中的运用．（2019-08-06）[2020-6-15] https://www.sohu.com/a/331842234_99894416.

（二）老年人小组工作方法

运用小组工作开展老年社会工作有其优势，但是在这一群体中运用小组工作时仍有一些独特之处值得提醒。

老年人有各种身体上的不便和知觉方面的限制，因此在开办小组的时候要有相应的调整，如轮椅的出入和使用辅助器具。在老年人小组中，带领者可能自始至终都要扮演一个比较积极的角色。目前的老年人群体常常在小组活动时表现得比年轻人群体被动。因此，小组带领者可能要投入额外的时间与小组成员建立个人关系。

老年人由于其身心健康状况，常使小组工作的节奏比年轻人的小组慢很多。对于小组带领者来说，能看到成员点滴的进步十分重要。

在有些情况下，社会工作者不宜采用小组工作的方法，例如：老年人身体状况不好，出行有实际困难；患有器质性疾病，头脑混乱；有精神疾病；有严重行为问题；正处于紧急的危机状况等。

专门适用于老年人的小组工作方法主要有两种：

1. 现实辨识小组

现实辨识小组的成员一般是有轻度到中度认知混乱的老年人，社会工作者通过环境中的一些提示，帮助他们确认时间、方位或者人。现实辨识小组一般在护理院、医院中开办。在理想情况下，现实辨识小组是这些服务机构中常规工作的组成部分。

2. 动机激发小组

老年社会工作者面临的最困难的任务之一，就是让老年人参加个人和群体的活动。长期缺少社会接触会让老年人的交往能力受损，变得淡漠和了无生气，强化退缩倾向。动机激发小组的目的就是要激发那些不再对眼前或将来感兴趣的人。

三、老年社区照顾

老年社区照顾主要分为医疗性照顾和社会性照顾两部分。医疗性照顾主要由医学专业的人负责实施，社会工作者的工作重点是社会性照顾，主要处理：一是日常生活的实际协助；

二是为老年人应对日复一日的问题提供实际的建议和帮助；三是具体教授和指导老年人掌握新技能，或者强化现有的技能；四是制订专门的社会照顾评估、处置和康复方案，其目的是改善个人的社会功能，让老年人能生活得更自由、更独立；五是保护中高风险的老年人人群。

知识拓展

社区为本老年社会工作服务项目中服务实施阶段

一、进行日常身心养护，为积极老龄化奠定"健康"基础

由于身体机能的退化，老年人的运动能力有所下降，活动意愿减弱。为了提高老年人运动的兴趣、鼓励其走出家门，老年社会工作者组织了早间操活动。服务开展初期，只有少数老年人参与，经由同辈群体带动，老年人早操队伍逐渐壮大，老年人对运动的兴趣逐步提升，服务取得良好成效。社会工作者积极探索以小组工作方法为战略的老年人志愿者发展路径，组织了"修身养性打太极"小组，邀请社区内擅长打太极的老年人作为志愿者，教老人们打太极。社工机构聘请医生驻点社区，定期为老年人提供量血压、咨询等服务。项目中后期受到政府支持，中心引进先进的测量设备，可以为老人们测量身高、体重、体温、心跳、血压。在日常服务中，社工通过问卷调查明确老人们的健康需求，以需求为导向定期开展健康养生讲座，如防治糖尿病讲座、防治骨关节炎讲座、关爱牙健康讲座、老年人高血压防治讲座、关注"心"健康专题讲座等，讲座后由医生为有需要的老年人进行一对一的咨询服务，解决老人们的困扰。随着老年服务的逐渐深入，服务后期，社区内的老年人改变了久居家中的生活习惯，他们乐于走出家门，勤做运动。各类健康养生知识的普及，强化了其对个人健康情况的关注，增进了他们科学化的身体照顾意识。

老年人心理健康服务的过程始终遵循从需求出发、循序渐进的原则。服务初期，老年社会工作者每周入户探访社区内高龄、独居、残疾、失独等各类老人，通过与老年人沟通和交流等陪伴方式，减轻其内心的孤独感，让老年人感受到来自家庭外部的关怀和爱，了解老年人的需求，为中期开展个案服务奠定基础；服务中期，老年社会工作者会定期带领社区青少年或者老年志愿者入户探访，扩大老年人的接触群体，建立情感联结。同时，社会工作者根据第一阶段所探访的老人实际情况，发掘出有开展个案需要的老年人，逐渐与他们建立专业关系，进行个案服务；服务后期，入户探访依然作为主要的内容持续进行，社会工作者发现封闭单一的生活环境容易使老年人产生忧虑焦躁的情绪，于是在社区内组织丰富的小组活动和社区活动，鼓励老年人走出家门积极参与活动，缓解不良情绪并提升老年人社区参与意识与意愿，为后续服务奠定基础。

二、充分整合社区资源，为积极老龄化搭建"参与"平台

促进老年人社区参与可以通过在社区内不断为老年人创造场景和搭建平台的方式，吸引他们参与社区活动、社区管理、社区服务。

搭建"社区参与"老年互动沟通平台。社会工作者充分利用社区的活动场地和资源，

以各种节日为契机，定期举办长者生日会，策划不同主题的社区活动，邀请老人们共度节日，举办社区邻里节，促进老年人与社区内青少年、妇女等各群体的接触和交流。增强老年人的社区归属感，进一步与社会工作者建立联系，创造老年人“参与”场景与环境，促进“参与”平台搭建。

搭建“社区参与”老年文体活动平台。文体活动的发展是老年人走上社区舞台的重要方式。歌唱、舞蹈、太极等文体活动，在社会工作者的引导与建设下，从初级无规则无组织的状态，逐步走向有组织、规范化。老年人能以团体的形式在各种社区活动中登台演出，展现他们积极向上的风采。

搭建“社区参与”老年志愿者服务平台。老人服务中心逐渐涌现一批热心老年活动和社区事业的老年人。为了让老年人真正成为社区的主人、增强自我价值的认同感，社会工作者组建了一支老年志愿者队伍，其规模正在不断扩大。社会工作者通过号召、海报宣传、微信推送等方式招募社区内热心的老年人。社会工作者通过开展老年志愿者培训、建设志愿者队伍、定期召开分享总结会，鼓励老年志愿者们分享服务过程中的感受、困惑及提出可行性的改进建议，增强老年人对服务价值的认知，并规范化老年人志愿服务。现阶段，这支老年志愿服务队伍的服务范围不断扩大，服务质量逐渐提高，实现了老年服务充分整合社区资源、为积极老龄化搭建“参与”平台的战略行动。

三、打造家社联保服务格局，为积极老龄化提供稳定连续性“保障”

家庭是老年人支持体系中最重要、最根本的系统。M 社区是一个老城区，老人们大多独自居住，子女们在外工作，偶尔会回家看望。社会工作者与家庭建立双向互动模式，一方面社会工作者通过与家庭积极主动联系，及时反馈老年人参与小组、社区活动时的表现和情况，促进家庭对老年人身心状况的了解；另一方面社会工作者经由家庭了解老年人在不同时期、阶段的情况和需求，进一步贯彻以需求为导向的服务策略。老年服务以社会工作为桥梁，以双向互动模式为基础，以反馈机制为保证，形成老年人、家庭、社会工作者的三方联动，强化老年人的家庭支持系统，为积极老龄化提供基础性保障。

老年社会工作者与社区工作人员保持密切的合作关系，积极落实政府下达的老年政策。例如，协助社区工作人员开展物质支持、精神陪伴等活动；宣传、普及福利政策，如 2016 年厦门市出台的“家庭医生”服务，社会工作者对老年人进行积极的宣传与介绍，鼓励更多的老年人参与“家庭医生”服务，推动福利政策的落地；在社区内开展尊老爱老活动，逐渐形成良好的尊老氛围；老人服务中心与高校合作建立实习基地，鼓励大学生参与老年服务，促进服务提供主体的多元化，增进社区支持系统建设。社区支持系统与家庭支持系统一起，打造家社联保的服务格局，为积极老龄化提供稳定连续性保障。

四、老年机构照顾

社会工作者在机构照顾中的主要工作有：需求评估，入住引导，协助入住者及其家庭运用社区资源解决由入住机构带来的经济、法律、精神健康和其他方面的问题，制订机构的社会工作服务计划，协调各项社会服务方案，落实社会支持，个案管理，转介，等等。

在我国，常见的养老机构有以下类型：

（1）托老所。提供短期老人托管服务的社区养老服务场所，设有生活起居、文化娱乐、康复训练、医疗保健等多项服务设施，分为日托、全托、临时托。

（2）老年公寓。专供老人，通常是生活能够自理的老人集中居住的公寓或老年住宅，具备餐饮、清洁卫生、文化娱乐、医疗保健等多项服务。

（3）护老院。专为接待生活需要一定协助的老年人安度晚年而设置的社会养老服务机构，设有生活起居、文化娱乐、康复训练、医疗保健等多项服务设施。

（4）敬老院。在乡镇、村设置的供养“三无”、五保老人和接待社会上的老年人安度晚年的社会养老服务机构，设有生活起居、文化娱乐、康复训练、医疗保健等多项服务设施。

（5）老年福利院。由国家出资兴办、管理的综合接待“三无”老人、自理老人等而设置的社会养老服务机构，设有生活起居、文化娱乐、康复训练、医疗保健等多项服务设施。

（6）养老院或老人院。专为接待自理老人或综合接待自理老人等而设置的社会养老服务机构，设有生活起居、文化娱乐、康复训练、医疗保健等多项服务设施。

（7）老年护理院。专为接待生活自理有困难的老人安度晚年而设置的社会养老服务机构，设有生活起居、文化娱乐、康复训练、医疗保健等多项服务设施。

知识拓展

我参与，我快乐——老年社区工作和社区参与

随着经济和社会的发展，人们的生活水平日益提高，许多老年人的衣、食、住、行等基本温饱问题已经得到解决，有些老年人的生活水平已经达到小康，对于这些老年人而言，接受老年教育、增加人际交往、参与社会生活、丰富闲暇时间、贡献经验智慧等，都是他们晚年生活的需要和发展需要。

某花园社区内，一位老人在自己家里悄然离世，几天后才被前来收电水电费的工作人员发现。这位老人的几名子女都在外谋生，自老伴去世后，就一直独居，这位老人之死在当地引起了不小的震动，特别是那些孤寡老人。一位丧偶老人感叹道：“现在的小区冷冷清清，隔壁邻里连面都没见过，想找个人说说话都没有，更别提有什么事互相照应了。如果我有个头疼脑热的又有谁知道呢？”

家住隔壁社区的另外一位老人王大娘已年近七旬，老伴早已去世，唯一的女儿也在前几年去了澳大利亚。很怕晚年身边无人照顾的王大娘一度非常消沉，每天足不出户，吃了睡，睡了吃。后来她看到本社区的许多老年人结伴外出晨练，生活上相互照顾，并未因子女不在身边而失去生活的乐趣，在社区工作人员的鼓励下，她也加入社区晨练队，与临近的老年人组成互助队，每天和社区老年朋友谈天说地，并建立长期联系，慢慢地就不感到孤独了，遇到有不顺心的事，王大娘常约来老年互助队的朋友聊一聊，或一起外出休闲购物，也就把烦恼忘记了。

王大娘所在的社区有 8 200 多名居民，其中老年人约有 1 700 人，占 20% 左右，社区里的老人大部分和子女分开住，全家人一星期也就见一两次面，面对这种情况，社区工作者建议建几个老人聊天室，一来缓解老年人的寂寞，二来也使老年人不容易跟社会脱节。

社区聊天室建成后，很受老人们的欢迎，他们在一起聊天内容十分广泛，从家事到国际大事，只要大家感兴趣无所不聊，老年互助队就是这样在老年人的聊天中逐步形成的。

参加互助队的老人们还义务为有需要的老年人服务，所需费用由社区承担。如今这支老年人互助队已有 100 名成员，年龄都在 60 ～ 70 岁，他们的文化程度不同，个人爱好不同，工作经历不同，身体条件也不同，但在社区工作者的组织联系下，为了共同的目的——关注社区事务、建设和谐社区，他们走到了一起，成立了一只“五老志愿队”，积极参与社区建设。

为更好地开展工作，社区把互助队分成了十只小分队，就近为老人提供服务。如 A 女士，退休前是名医生，现在每个月她都拿出两天时间，为她所在服务区内的老年人们量血压、做健康咨询。这一天她又上门去看望一位 76 岁的 B 先生，B 先生没有子女，老伴去世多年身体一直不太好，是老年互助队重点帮助对象之一。互助队 B 先生说：他们经常会来帮助我，我的电器坏了帮我修好，以前家里有白蚁，我不知道怎么办才好，结果他们帮我解决了。城市建设有了新面貌，互助队就让我们老年人去看看，到了夏天荷花开的时候，社区也派车子送我们去看。

练一练

单项选择题：

社会工作者针对社区中空巢和独居老人较多的现象，为这些老人建立互助网络。下列做法中，最合适的是（　　）。

A. 建立社区老人支持小组　　B. 动员医生上门为老人义诊

C. 动员老人的亲友经常探望老人　　D. 联系养老机构为老人提供上门服务

【解析】把面对相同问题或具有相似兴趣、能力的人聚合在一起，帮助他们建立联系，促进他们互相帮助、互相支援。具体做法是：社会工作者为那些有共同问题、相同背景和兴趣的服务对象建立起朋辈支持小组或互助小组，加强同伴之间的支持，促进信息分享和经验交流，增强其解决问题的能力。本题中空巢和独居老人生活上具有相同的问题，所以社会工作者将其组织起来，建立社区老人支持小组，加强相互间的交流，增强他们解决问题的能力。故 A 选项正确。

学完本部分内容后，你知道老年社会工作的主要方法了吗？都有哪些内容呢？

在本部分内容中，如果你能列举出老年社会工作的理论与方法，那么，恭喜你，你已经掌握了本部分的内容。

到这里，本单元的学习之旅就算告一段落了，请做好复习总结。

拓展阅读

TUOZHANYUEDU

1. 包福存，邱云慧 . 老年社会工作研究综述 . 重庆文理学院学报（社会科学版），2010（04）：147-149.

2. 凌小萍 . 我国老年社会工作的困境与选择 . 理论界，2008（07）：208-209.

3. 何楠 . 增权理论与老年社会工作实务 . 法制与社会，2010（02）：185-186.

单元小结

DANYUANXIAOJIE

本单元主要讲述了老年人的特点及需求、老年社会工作的主要内容、老年社会工作的理论与方法。学完本单元，我们要能够更加理解老年人的心理，掌握老年人的身体机能状况，在现实生活中，我们不能仅仅看到老年人的弱势，他们是被服务者，但同时他们每个人都拥有丰富的人生经历，都曾为家庭、社会都奉献了一辈子，尽管他们已经衰老，但是社会工作者依然可以通过一些形式让他们发挥余热。

以上就是本单元的全部内容，感谢大家的辛苦努力，继续保持，加油！

Unit 5

第五单元

妇女社会工作

学习导引

2015年，一篇名为《最美乡村教师候选郜艳敏：被拐女成为山村女教师》的报道被重新翻出，引发社会的广泛关注，河南姑娘郜艳敏也重新回到公众的视野。1994年端午节前夕，在河北打工的郜艳敏在石家庄火车站买回家的车票时，被两个以“招工”为名的妇女骗走。郜艳敏被转手卖给3名人贩子，然后以2 700元的价格，卖给了曲阳县下岸村一个大她6岁的男人。被拐卖后，郜艳敏从未停止过对命运的抗争。一次她逃跑后，被丈夫追上暴打一顿。3次寻死未成后，她只得在恐惧中熬日子。

郜艳敏的“传奇”经历对旁观者来说可能只是一个故事，而对于她自己和她的家庭来说却是一个悲剧。郜艳敏的遭遇不仅仅发生在过去，在当今时代，针对妇女的拐卖和暴力现象依然存在，郜艳敏也只是遭遇拐卖、暴力等受伤害妇女群体中的一员。说了这么多，这和社会工作有什么关系呢？欲知两者之间的联系，那就需要我们一起来进入本单元的课程，学习妇女社会工作的内容和方法。

学习目标

学完本单元内容之后，我们能够：

（1）描述妇女的特点及需求；

（2）区辨针对不同问题类型所开展妇女社会工作的内容的差异；

（3）根据妇女的实际需求，提出社会工作介入策略。

接下来，我们一步步深入理解本单元的学习内容。首先，我们来熟悉一下本单元内容的整体框架。

知识结构图

以下是本单元内容的整体框架以及学习这部分内容的思维过程规划。此图可以帮助大家从整体上了解本单元内容的知识结构和学习路径，包括妇女的特征及需求、妇女社会工作的概念，针对不同问题类型所开展妇女社会工作的内容、妇女社会工作的方法等，请大家仔细品读和理解，帮助自己建立对本部分知识的整体印象。

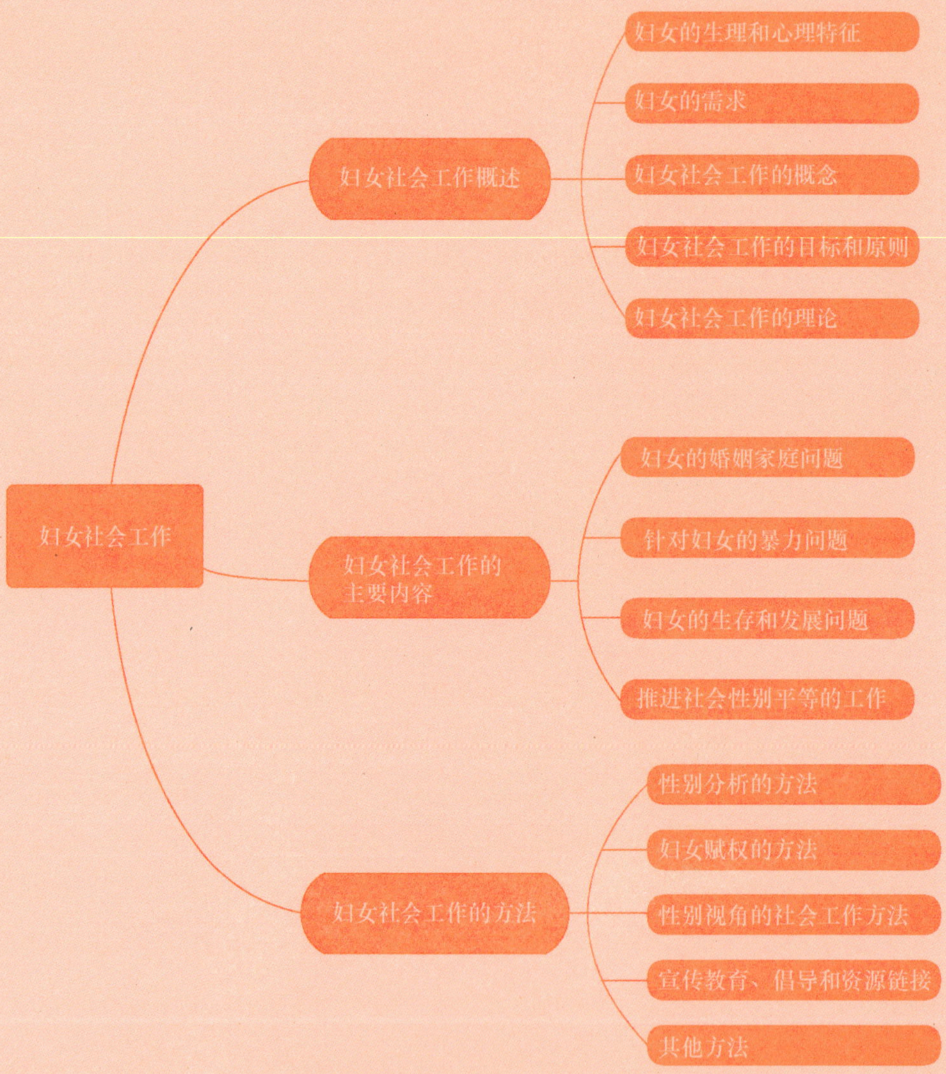

看完上面的知识结构图后，大家是否已经对本单元所要学的内容以及如何学习这些内容，有了一个初步的整体印象了呢？接下来，让我们在这个整体框架的指引下来逐一学习每个知识点的具体内容。我们需要重点学习妇女的特点和需求、妇女社会工作的概念、妇女社会工作的主要内容和妇女社会工作的方法。在学完这些内容的基础上，你可以试着将理论与实务相结合，这样可以帮助你更好地内化所学内容。

知识点 1　妇女社会工作概述

学前阅读：妇女节的来历

1857 年 3 月 8 日，美国纽约的制衣和纺织女工走上街头，抗议恶劣的工作条件和低薪。尽管后来当局出动警察攻击并驱散了抗议人群，但这次抗议活动促成了两年后第一个工会组织的建立。在接下来的数年里，几乎每年的 3 月 8 日都有类似的抗议游行活动。1911 年 3 月 19 日，奥地利、丹麦、德国和瑞士等国总共超过一百万人举行各种活动庆祝国际妇女节。3 月 25 日，纽约发生了著名的三角工厂火灾，火灾吞噬了 140 多名制衣女工的生命，这其中大多数是意大利和犹太移民，而恶劣的工作条件被认为是导致如此重大伤亡的主要原因。这场火灾后来还对美国的劳工立法产生了重要影响。在西方国家，国际妇女节的纪念活动在 20 世纪二三十年代一直正常举行，但后来一度中断。直到 20 世纪 60 年代，随着女权运动的兴起才又逐渐恢复。联合国从 1975 年国际妇女年开始，于每年 3 月 8 日举办活动庆祝国际妇女节。

本节知识重点

学习提示：在本部分内容中，我们需要重点关注妇女的特征和需要、妇女社会工作的定义等。

一、妇女的生理和心理特征

（一）青春期

青春期是从性器官成熟到出现繁衍能力的人生阶段。在 12~14 岁，称为情绪发展的困难时期，女孩在这一阶段的特点表现为：自我意识发展快、自尊心强、自卑感强、性别角色开始发展以及注重同伴的友谊等。女孩在青春期容易出现的问题有：早恋，开始参与冒险的游戏（如抽烟、喝酒），甚至过早怀孕、流产等，这对其身心造成无法弥补的伤害；易患神经性厌食症（对体重增长有强烈的恐惧感）；易产生焦虑和抑郁等。这段时期也是性别意识产生和发展的重要时期，需要进行性别敏感意识的教育。

（二）青年和中年期

女性在青年和中年期，生理和心理的发展趋于成熟和稳定，与男性相比具有比较突出的心理特征，包括：工作和家庭双重角色带来的心理压力；职业成就动机弱，面对成功有恐惧心理。

（三）更年期

更年期是指从生育年龄过渡到老年阶段的时期（一般指 45～55 岁）。此时妇女的卵巢功能逐渐衰退，内分泌发生暂时性紊乱，并引起月经紊乱、心悸、耳鸣、头晕、血压波动、失眠等生理症状，同时也会出现记忆力衰退、烦躁不安、抑郁、挫败、孤僻等心理症状。此阶段的女性会出现难以适应变化的困难，萌生孤独无助、焦虑不安、抑郁消极等情绪。但此阶段的妇女结束了生育的任务，她们的家庭和社会角色逐渐减退，因而有更多的时间和精力，她们是社区工作的中坚力量。

（四）妇女的“四期”

妇女的“四期”是指月经期、怀孕期、产褥期和哺乳期。《中华人民共和国妇女权益保障法》第二十六条规定：任何单位均应根据妇女的特点，依法保护妇女在工作和劳动时的安全和健康，不得安排不适合妇女从事的工作和劳动。第二十七条规定：任何单位不得因结婚、怀孕、产假、哺乳等情形，降低女职工的工资，辞退女职工，单方解除劳动（聘用）合同或者服务协议。

二、妇女的需求

（一）生殖健康的需求

我国目前已基本形成了以《中华人民共和国宪法》为依据，以《中华人民共和国妇女权益保障法》为主体，包括《中华人民共和国劳动法》《女职工劳动保护规定》《女职工禁忌劳动范围的规定》《关于女职工生育待遇若干问题的通知》等法律法规在内的关于女性工作权利的法律保障体系，体现了对妇女“四期”特殊保护的重视，但女性的生育健康权利仍旧受到严重的侵害和忽视。

（二）权益和发展得到保障的需求

贯彻和落实《中华人民共和国妇女权益保障法》以及其他各个法律中对妇女权益的维护是当前妇女社会工作的艰巨任务。

（三）性别公正的政策、制度和社会环境的需求

呼吁和宣传全社会消除对妇女一切形式的歧视，宣传和普及马克思主义妇女观和男女平等的基本国策，倡导将社会性别敏感意识纳入决策主流，为妇女创造一个良好的社会发展环境。

三、妇女社会工作的概念

妇女社会工作就是针对上述妇女的生理和心理的特点，回应妇女的需求，解决妇女面临的问题而出现的一个特殊的社会工作实务领域。

（一）妇女社会工作实务领域的产生和发展

妇女社会工作概念的提出，一方面是专业社会工作在中国恢复和发展的产物，另一方面与西方“女性主义社会工作”或“性别与社会工作”之间有一定的渊源，受到女性主义和社会性别思想的影响。社会性别视角是女性主义理论的核心概念。

（二）妇女社会工作的内涵

妇女社会工作以妇女为对象，一方面运用社会性别视角以及社会工作专业价值理念和方法，在总结和提炼本土的妇女工作实践经验的基础上，着力解决妇女存在的特殊问题和发展问题，满足妇女的需求，维护妇女权益，促进妇女的社会福利与妇女发展，推动妇女工作向专业化发展；另一方面推动社会性别视角的普及和纳入决策主流，实现性别平等的目标。

（三）妇女社会工作的主要特点

妇女社会工作的特点主要有以下方面：

（1）关注妇女的多样性，妇女社会工作的服务对象不仅是弱势的妇女群体，也包括一般的和优势的妇女群体；

（2）关注妇女的声音和经验，尊重和倾听妇女的声音和经验，是妇女社会工作的起点；

（3）理解和接纳妇女的现实处境，了解妇女、理解妇女的现实处境、接纳她们的生存选择等，是社会工作者必须遵守的工作原则；

（4）妇女问题和性别问题的根本解决需要全社会树立积极健康的妇女观，需要国家法律和政策给予必要的保障；

（5）注重本土妇女工作经验的总结和提炼，在借鉴和参考西方专业社会工作理论和方法的同时，用心总结和提炼解决本土妇女问题中形成的妇女工作经验。

四、妇女社会工作的目标和原则

（一）妇女社会工作的目标

（1）直接目标包括：缓解压力和宣泄情绪；重塑自信，提升对自我的认识；解决妇女的实际困难和需要。

（2）中间目标包括：协助妇女重新界定妇女问题；提升性别意识，促进自省、自信和自我认同；建立妇女的支持小组，减少成员的孤独感。

（3）最终目标包括：重新建构权利关系；建立妇女网络与网络之间的连接；倡导和建立全社会的性别公正和公平的意识和制度。

三个目标层次之间是递进的逻辑关系，而不是割裂的，它们显示了解决问题的不同层面。

（二）妇女社会工作的原则

妇女社会工作的原则主要有以下方面：

（1）承认妇女的多样性以及妇女工作视角的多样性；

（2）尊重妇女作为独立的个体，而不只是家庭角色的扮演者；

（3）理解和接纳妇女的现实处境和她们的生存选择；

（4）认识到妇女本身也是一个资源，有能力处理自己的问题；

（5）妇女是发展的主体，而不是客体；

（6）增加妇女的资源和选择的多样性；

（7）将个体与群体联结起来，促进妇女之间，特别是具有类似经历的妇女之间的互助；

（8）社会工作者与服务对象之间关系的平等。

五、妇女社会工作的理论

纵观妇女社会工作的发展历史，可以发现女权主义对其具有深刻的影响。女权主义在现代又称女性主义，它既是一种社会运动，更是一种随着西方女权运动兴起而逐渐形成的妇女争取自己的权利、要求男女平等的社会思潮。按照女性主义发展的历史进程及特点，可以将其划分为十大流派，它们是：自由主义女性主义、社会主义女性主义、马克思主义女性主义、激进女性主义、女同志理论、精神分析女性主义、存在主义女性主义、生态女性主义、后现代女性主义、后殖民女性主义，下面选择其中主要的理论流派予以简略介绍。

（一）自由主义女性主义

自由主义女性主义不仅在时间上是所有女性主义流派的起点，而且在理论上也是其他各派的出发点或修正和改造的对象。18 世纪欧洲的女性主义者因为受新资产阶级男人反抗君权的启发而开始质疑男权的神圣性。自由主义女性主义的代表人物有：18 世纪英国的沃斯通克拉夫特（Mary Wollstonecraft）、19 世纪美国的富勒（Margaret Fuller）、19 世纪英国的密尔（John Mill）、当代美国的傅瑞丹（Betty Friedn）。

沃斯通克拉夫特最著名的女性主义的著作是发表于 1792 年的《为女权辩护》。沃斯通克拉夫特认为女人和男人一样具有理性。如果说现实生活中的女人显得较无理性或成就较差的话，那是因为女性被剥夺了受教育与向外发展的机会。因此，沃斯通克拉夫特主张女性要发展理性，培养独立自主的人格，女性存在的首要目标是做一个理性的人，而理性的实践则是通过妻子与母亲的身份来达成。

富勒同样积极地拥护女性的个人权利，不过，她不只是主张女性在法律地位和世俗生活里的权利，更进一步强调女性有追求内在自由的权利。所谓的内在自由，包括心灵的充实、智力和知识的成长、理性与创造力的激发。她认为母亲职责是女性生活的部分而非全部，女性必须超越特定的家庭关系而去追求自我成长，但这种女性自我成长的目的并不是要成为一个称职的妻子与母亲，而是为了她自身的丰富与充实。

密尔是英国19世纪自由主义健将，他在代表作——《女性的屈服》一书中，集中地阐述了他的女性权益的观点。密尔指出法律的不平等使得婚姻制度里的婚姻关系犹如主人与奴隶的关系。现代社会就是人们有迁徙的自由、选择职业的自由，以及改善生活的机会。但是对已婚妇女而言，她却没有这些现代男人享有的自由。密尔将政治哲学中公共领域的契约概念扩充到婚姻关系，认为婚姻契约必须经由当事人同意，在平等的条件下订定共同生活的方式。契约精神就是自主与自我决定，婚姻契约使女性不会在违反自身自由意志的情况下结婚。密尔主张女性应有一技之长与经济独立的能力，这样才不会为了长期的饭票而无奈地走进婚姻。密尔由此进一步主张应该解除就业市场上对女性的各项限制。他从自由竞争的观点指出，如果女性的能力果真不如男性，那么不胜任的女性就会在竞争过程中被淘汰，不需要一开始就排除女性竞争的机会。而如果女性的能力胜过男性，那么开放机会给女性就会给社会带来更多优秀的人才，从而使社会运作更有效率。

作为一个当代的自由主义女性主义者，傅瑞丹继承了18世纪以来自由主义的基本主张，同时又更加强调女性在公共领域的参与。因此，傅瑞丹在其名著《女性迷思》一书中，首先对女性的家庭角色展开锐利的解析与批评。傅瑞丹指出父权社会的文化机制竭尽所能地塑造一个幸福的家庭主妇形象，使得女性把自己的一生寄托于家庭与婚姻关系。然而这个理想形象，只是个迷思。由于家庭结构本质上缺乏酬赏制度，再加上日复一日地重复同样琐碎的工作，受过教育的现代女性并不能从家庭主妇的角色上得到成就感和自我实现。为了发挥自我潜能，妇女必须和男性一样从事公共领域的活动。故此，傅瑞丹鼓励女性放弃以家庭主妇的形象作为自我认同，不过，她并未提倡女性在实质上放弃家庭生活，而是在事业与家庭间取得平衡。

对整个自由主义女性主义的基本观点可以做一下进一步的概括，它的主要思想集中体现在以下几个方面。

1. 对男女不平等的分析

自由主义女性主义认为女性因其性别而遭受歧视，不管她个人的能力与条件如何，性别本身就使她在受教育、就业、参政等各方面遭受不平等对待。

女性在就业市场上同样受到的歧视，这与女性的家庭负担息息相关，照顾小孩与料理家务被视为是女性的本分，而法律上的不平等更强化了女人对婚姻与家庭的依赖。女人进入婚姻且养儿育女并非女人自愿如此，而是文化上的制约再加上社会结构剥夺了女人往其他方面发展的可能性。男女有别的性别分工体系其实包括了对女性的歧视与限制，违反了自由主义的自由、平等、理性的基本精神。

2. 政治主张与改革方案

18 世纪以来的自由主义女性主义的主要目标是铲除形式上、法律上的男女不平等。而 20 世纪后半叶以来的妇女运动则进一步通过法律来矫正歧视的现象。不同阶段的妇女运动的诉求可以用女性主义与法律的各种关系来表达。概括来说，可分为下列四种关系：

（1）废除歧视性的法律：法律本身如果包含明确的性别不平等，则需要加以修正或干脆废除。

（2）中性法律：法律的制定及实施必须无视性别之分，男女一体适用，不能因性别给予差别待遇。

（3）制定反歧视法：以法律力量明文规定不得有性别歧视。

（4）以法律加速性别平等的推行：政府机构以及与政府有关系的民间企业在招募员工时，如果应征者条件相似，应该优先雇佣女性或少数民族。

可见，自由主义女性主义的政治诉求逐渐从中性、无性、无视于性而走向以女性为主体，一步步扩大政府的职权，利用法律来主导平等的实现。

早期女性主义认为家庭是女性生活的重心，并不特别鼓励女性在公共领域直接与男性竞争。当代自由主义女性主义则提倡女性积极加入工商业、教育、政府官僚系统、议会政治等社会的主流机构，认为只有具有竞争性及酬劳的工作，才能刺激女性的潜能并满足其成就感。

（二）激进女性主义

激进女性主义诞生于 20 世纪 60 年代末、70 年代初，主要的发源地是美国的纽约与波士顿。代表人物有：格里尔（Germaine Greer）、米利特（Kate Millett）、威蒂格（Monique Wittig）、德沃金（Andrea Dworkin）、费尔史东（Shulamith Firestone）、欧克里（Ann Oakley）、麦金能（Catharine MacKinnon）等。下面将结合这些人的基本观点，对激进女性主义的主要思想做一下简要介绍。

1. 父权制度——压迫的根源

从男性主导的运动中撤退出来的激进女性主义者发现，父权制度或者男性支配而非资本主义，才是妇女受压迫的根源。最早意识到这一点的人之一就是格里尔。格里尔的代表作《女太监》，其书名点出了作者的基本理念：女人是被动的性存在，因为她被男人阉割了。格里尔强调家庭具有压抑心理的巨大力量。但是在青春期的时候女孩子才变成太监的，这时她被教化并最终学会了放弃她的自主权、寻求他人的指引和采取被动的态度。格里尔主张现代的父权制核心家庭必须加以废除，因为它是建立在私有财产制——即由男人的合法子嗣继承财产的制度的男人利益上。随着核心家庭的废除，格里尔认为，终生一夫一妻制也将消失。

格里尔要求妇女这个阶级起来反抗。她的“女人是一个阶级，而且是最受压迫的阶级”的观念，是成长壮大之后的激进女性主义的重要元素。

对男性压迫女性这一社会现象予以猛烈抨击的另一位激进女性主义者——米利特，在其经典之作《性政治》这本书里一针见血地指出“性即政治”，并使用“父权制度”一词来指涉世界上许多地方控制女人的事实。米利特指出，父权制度夸大男女的生理差异，以确保男性拥有支配角色、女性只具附属角色。社会假借性别角色刻板化的过程，使妇女接受她们的次等地位。社会通过社会化来使两性顺从所规定的气质、角色、地位等。妇女从幼年起就被训练去接受一个男女有别并将公共权力分派给男性领域的社会制度。这是由幼儿园、家庭、学校等机构而达成的，这些机构全都把男性支配女性的意识形态合理化，并不断地予以增强；女性也将这套想法内化，而认为自己的确不如男性。这套意识形态十分强有力，因为这样的制度化往往是男性维护和巩固其所压迫的女性表面上的同意。这就是米利特所说的“性政治”，这是一套借个别男人支配各个女人的方式存在的人际权力制度，也是父权制度的主要支柱。

2. 性别角色——从阴阳同体到妇女本位

性别角色是激进女性主义的中心议题之一，在 20 世纪 70 年代初，性别差异被激进女性视为女性受压迫的主要根源，并欲以阴阳同体（或译“中性”），有时同意某些人所说的“单性”，取代两极化的两性。20 世纪 70 年代中期起，阴阳同体观受到排斥而发展出妇女本位观。女性异质，即女性不同于男性的特质不再被认为是妇女压迫的根源，而反被视作为妇女力量的来源及解放的种子，也是社会变革的契机。

威蒂格和德沃金都持阴阳同体的观点，对于美国大多数激进女性主义者所认为的生小孩是自然的看法，威蒂格辩论说：生小孩是一个“强迫生产”的历史过程，但我们却“把它看成是一个‘自然的’‘生理的’过程，而忘记了在我们社会里生育是计划的（在人口上），忘了我们自己是被设定了要生产小孩的，而它是‘除战争外’唯一呈现如此大的死亡危险的社会活动。”威蒂格也否认女人的身体是生理的既成事实，对她而言，这不如说是父权制度创造了女人与男人。

朵金的看法也与此相同，她认为，我们总将人概念化成一定是男的或女的，这其实是扭曲了人类由非常多样的跨性特征的事实。她论述道：“我们显然是有多重性别的物种，它的性别取向沿着一个极为广大的不固定连续体伸展，在那里我们称为男性与女性的元素并非泾渭分明的。”而我们的生理理论是一种社会建构，其分类是符合男性利益的。

自 20 世纪 70 年代起，激进女性主义者逐渐地越来越不愿意从妇女身上寻找妇女屈从的原因，她们认为把妇女的生理或心理视为问题来源是责怪受害者，并进一步表现了充斥当今社会的恨女人的现象。因此，不少近代的激进女性主义者倾向于从男性生理寻找问题的原因，更主张女人应形成自己的社会，将男人除外。同时，激进女性主义运动也表现出一个新的特色：普遍地颂扬做女人，包括女人的成就、文化、精神，还有身体，特别强调女性生理固有的力量，以及与生理有关的创造力。女性的生理与心理于是成为妇女解放的力量来源。这样的想法正好与弥漫于社会的贬抑女人的观念相反。更有某些激进女性主义采取与男人决裂的方式来解决妇女受压迫的问题——即分离主义。这些分离主义者致力于创造妇女空间与妇女文化，一方面避开父权制度与男人所加诸妇女的伤害，并进行疗伤；另一方面提供能真正满足妇女需要的机构，包括妇女医疗中心、妇女教育方案、被殴妇女庇护所、妇女事业，乃至妇女书店、妇女餐厅等，这些女性事业至今方兴未艾。

3. 母亲角色——生理身份和社会身份

以《性的辩证论》一书为激进女性主义作出贡献的费尔史东指出，父权制度的历史基础是“物质的”，即男女生理事实，男女不平等的根源就在于生殖功能的不同。自然的生殖上的两性差异直接导致阶级发生时的第一种分工，并提供了终身阶级的典范。因此，费尔史东强烈反对生理母亲身份，并提出变通办法，即体外的人工生育。她认为当今科技的进步已使这项改变成为可能，一方面是可靠的避孕技术，另一方面是子宫外的生育。这样，妇女可以避开“野蛮”的怀孕，男人也可以有小孩，人们便可能消除生理决定的性别分工，将生育小孩的角色交由整个社会分担。如此，两性的性器官区别不再具有文化意义，妇女的解放才能完成。

同样，在另外一位激进女性主义者——欧克里看来，母亲身份是建立在三个看法上的迷思，这三个看法是：所有女人都必须是母亲、所有母亲都需要小孩、所有小孩都需要他们的母亲。欧克里认为它们是社会与文化制约的产物，是具有压迫性目的的。母亲并非生成的，而是被造成的。她进一步指出：社会母亲和生理母亲具有相同的效果；小孩对母亲的需要并不大于对父亲的需要；一对一育幼方式不必然优于集体的社会化或“多数母亲”。无疑，欧克里所想的解决方法是许多女性主义者所致力的社会化的育幼制度。

4. 性——男女支配关系的关键

许多激进女性主义者认为在性的实践上，透过“在性方面，男人天生是有侵略性和支配性的，而女人生来是被动而顺从的”这样的臆断，男性对女性的暴力被正常化和合法化了。既然“男支配、女顺从”是性这个根本领域的规则，它遂也成为其他各种情况的规范。因此，大部分的激进女性主义者主张，除非异性恋关系是完全平等的，否则女人绝无可能在政治上、经济上、社会上与男人平起平坐；而只要女人的性是由男人的性来解释的，异性恋关系的平等便不可能达成。

激进女性主义者麦金能直截了当地指出，性是男性权力的所在，而社会性别是根植于异性恋制度的。性在女性主义中是十分重要的，因为女人的个人认同与她的性是紧密地联结在一起，犹如马克思主义理论中工人和工作是紧密地结合在一起一样。但是很不幸的是，女人的性大部分被拿走。或者说女人的性是为男人而存在，而男人的性却并不是为女人存在，这样的事实只要想一想“娼妓制度为谁存在”“色情为谁存在”“谁强暴谁”“谁性骚扰谁”“谁殴打谁”等问题便可以一目了然。因此，既不同于自由主义女性主义（她们认为，只要有正确的法律和政治制度，异性恋关系就会平等），也不同于马克思主义女性主义（她们认为，只要坚持拥有正确的经济制度，异性恋关系将不会是剥削的、疏离的、压制的），激进女性主义相信，除非性能够重新加以构想，重新加以建构，否则女人将永远附属于男人。

（三）社会主义女性主义

社会主义女性主义从 19 世纪 20 年代开始一直延续至今。早期的社会主义女性主义基本上有 5 个共同诉求：废除私有财产制、组织公社、革除婚姻家庭制度、提倡情爱自由、打破男女分工，欧文（Robert Owen）是其中重要的代表人物之一。当代社会主义女性主义发展于 20 世纪 70 年代，它深受马克思主义的影响，同时又试图融合激进女性主义的洞识和马克思主义的传统，以发展出一种政治理论和实践方式。它所关注的主要主题是家务劳动、妇女和劳动力市场、妇女和阶级等，代表人物有米歇尔（Juliet Mitchell）、哈特曼（Heidi Hartmann）、杨（Iris Yong）以及贾杰格（Alison Jaggar）等。

早期社会主义女性主义的基本思想主要有以下几点：

1. 革除婚姻家庭制度，废除私有财产制

欧文认为，妇女受压迫的祸根在于三个制造社会冲突与扭曲人性的制度：宗教、婚姻家庭以及私有财产制。宗教家庭是男性权利的来源；婚姻制度让女人成为男人的财产，阻止人们追求真爱；私有财产制则使财富成为社会权力的基础，鼓吹人们争权夺利。因此，妇女解放的关键不在于获得与男性同等的权利，而是整个社会制度需要革故鼎新，人的情感、性格与欲望需要重新归正。

2. 打破男女分工，主张情爱自由

欧文等人热烈主张妇女应该从事生产工作，男性也须担负家务劳动，幼儿则由社会集体照顾（或至少由社会机构提供协助）。妇女如果从事生产劳动，那么，离开丈夫时也不致失去经济支持。此外，早期社会主义女性主义最引起大众兴趣的主张是倡导离婚自由、情欲自由、废除婚姻。在欧文等人的信念中，自由表达情欲是自由社会的基础，男女两人真实的爱是至高的道德，也是人类通往世界乐园的钥匙。

当代社会主义女性主义在审视女性的处境时，融合马克思主义与父权制度作出分析与批判。它认为妇女在父权制度下所受的性别压迫，与资本主义的阶级压迫及产生模式息息相关，彼此互为影响，以至妇女承受两种制度下的双重压迫。它相信社会关系建基于物质基础。在父权制度的教化下，妇女被塑造成为照顾者，承担家庭里的无偿劳动。这种男主外、女主内的分工模式为资本主义的劳动力再生产过程提供了积极作用。与此同时，妇女生活重点放在家庭这个私人领域，资本家看准这点性别的分工，当他们利用妇女作为劳工市场的“生产后备军”时，导致薪酬被压低及欠缺职业保障。另外，当经济逆转时，女人的“家庭属性”令她们首当其冲，成为首批失业军。

当代社会主义女性主义还提出“女性主义历史唯物论”，用以分析生产活动与再生产活动的辩证关系，剖析父权与资本主义体制共谋共生的物质基础不仅在于阶级剥削，还在于男性凭借着两性分工制度控制、剥削女性的劳动力。妇女担任大部分的再生产劳动，提供家务、育儿、性、情感支持等服务，并且参与经济活动，但无法享有同等的经济、政治、教育资源。

社会主义女性主义进一步认为，社会通过经济、法律、教育及社会福利等建制，以及由男性掌控的国家政治机器，促使资本主义及父权制度的运作与巩固，使妇女不断继续承受压迫与剥削。因为不平等的权力关系建基于物质条件和社会各个建制，所以，只有使妇女拥有较多的社会资源，才能令她们达致完全的解放成为可能。

概括而言，众多的女性主义的基本观点都围绕着下述五个方面而展开：

（1）长期形成的、占统治地位的“男主外、女主内”的婚姻家庭形式是为了男性的利益而被建构出来的。

（2）从过去到现在，我们的社会是“父权制度”占绝对控制地位的社会，它的实质就是男性压迫女性。

（3）“父权制度”使男女两性性别定型，更强化了“男尊女卑”的社会含义。

（4）“父权制度”和国家的其他社会化手段紧密地结合起来，使妇女确信她们的附属地位（无论是家庭内外）是合法的和天经地义的。

（5）必须改变以往父权为主的社会基础、社会结构和社会体系，争取妇女的权利和男女平等，争取妇女全面和彻底的解放。

练一练

单项选择题

某地根据当地妇女儿童发展现状，制定了《禁止拐卖妇女儿童行动计划》。这一举措旨在回应妇女的（　　）需要。

A. 生殖健康　　B. 权益保障

C. 特殊保护　　D. 性别公正

【解析】贯彻和落实《中华人民共和国妇女权益保障法》以及其他各个法律中对妇女权益的维护是当前妇女社会工作的艰巨任务。例如，维护妇女的特殊权益，促进妇女在就业、教育、参政等方面的平等待遇，改善妇女的贫困状态，保护妇女不再遭受家庭暴力、性侵犯、被拐卖等威胁。本题正确答案为 B。

学完上面的内容后，大家是否已经对妇女社会工作概述的相关内容有了一个较为全面的认识和理解呢？

在本部分内容中，如果你能复述妇女的特点、需求以及妇女社会工作的目标和原则，并能对妇女社会工作下定义，那么恭喜你，你已经掌握了本部分的内容。

请你做好本部分的梳理总结，稍做休息，我们继续进行下一个知识点的学习。

知识点 2　妇女社会工作的主要内容

学前知识：白丝带运动

白丝带作为反对家庭暴力运动的标志，象征着男人反对男人对妇女施暴。佩戴白丝带是一种个人宣言，表示佩戴者承诺本人决不参与对妇女施暴，并且对针对妇女的暴力决不保持沉默。白丝带运动的发起组织鼓励男士在每年 11 月 25 日“国际消除对妇女的暴力日”到 12 月 6 日加拿大“对妇女的暴力国家纪念行动日”期间佩戴白丝带。

本节知识重点

学习提示：接下来我们将继续学习妇女社会工作的主要内容。妇女社会工作的主要内容包括：解决妇女面临的实际困难；维护妇女权益和关注妇女的发展；倡导和促进性别平等和公正的机制建设。

一、妇女的婚姻家庭问题

家庭领域的性别关系既是社会性别关系的微观基础，也是社会性别关系的具体体现。实现和谐的家庭性别关系本身既是一个目标，又是构建其他领域性别平等的基础和前提。

（一）婚姻和家庭关系的调适

家庭问题主要表现为夫妻关系、婆媳关系、亲子关系等方面的问题。

（1）夫妻关系，突出的问题是因家务分工、经济支配权、孩子教育等问题引发的矛盾以及婚外情等带来的婚姻危机。

（2）婆媳关系，通常围绕孙辈教育、对老人赡养等方面的问题产生矛盾。单纯将婆媳矛盾看成是婆媳个人的素质问题也是不对的。

（3）亲子关系，矛盾的突出也与母亲多半承担起照顾孩子的责任直接相关。

（二）单亲母亲家庭的问题

1. 单亲母亲家庭的界定和存在的问题

单亲母亲家庭是因为丧偶或者离异以及其他一些原因而导致的只有母亲和孩子一起组成的家庭。单亲母亲家庭常常面临的问题有：亲子关系和孩子教育；单亲母亲的贫困化、就业困难、再婚困难；社会对单亲母亲的歧视和偏见；缺乏针对单亲母亲家庭的社会保障等。

2. 如何看待单亲母亲家庭

单亲母亲问题不是由单亲母亲个人原因导致的，而是社会福利不足、社会存在歧视等社会因素共同导致的问题。应当关注单亲母亲在应对问题时表现出来的能力和智慧，而不要把她们视为可怜的弱者。

（三）与家庭一起工作的原则

1. 性别视角的家庭工作原则

（1）尊重和接纳现实中家庭形式和婚姻形式的多样性；

（2）重新调整家庭权利，避免家庭暴力、冲突与资源分配不均；

（3）工作和家庭生活的协调与平衡；

（4）父亲的职责和母亲的职责同样重要，都需要训练；

（5）社会应该为家庭提供必要的资源和服务，减轻家庭的负担。

2. 家庭为本和妇女为本原则的工作策略

（1）家庭为本服务的信念是，协助家庭最好的方法是加强和提高家庭的自主能力。家庭为本强调以人格平等为原则的现代家庭关系。

（2）妇女为本的实践原则要求尊重妇女作为独立的人的需要和情感，不把她们仅仅视为家庭角色的扮演者，强调不能为了所谓的家庭利益而忽略或牺牲妇女的利益。妇女为本，并不是说只考虑家庭中妇女的利益，而是将妇女放到一个特定的文化处境中。

（3）家庭教育的重点是教育女性在家庭生活中如何自我增能，如何争取自我更人性化的生活，以及如何尊重女性独特的个性和权利，而不仅仅成为家庭角色的扮演者。

二、针对妇女的暴力问题

针对妇女的暴力行为是指对妇女造成或可能造成身心方面或性方面的伤害的任何基于性别的暴力行为，包括：威胁进行伤害的行为；强迫或任意剥夺自由，而不论其发生在公共的生活中还是私人的生活中。暴力的范围包括拐卖妇女、婚姻暴力、性暴力、性骚扰和性服务以及基于男孩偏好的强迫堕胎等。

（一）针对妇女的婚姻暴力

针对妇女的婚姻暴力是指配偶或者亲密关系一方通过暴力行为，主要表现为身体暴力、精神暴力、性暴力和经济控制四种方式，造成一方生理或者心理上的伤害。

受虐妇女综合征的特征是：低自尊，认为自己应该对施暴者的行为负责；有严重的罪恶感和心理压力，并带有身心疾病；相信除了自己以外，没有人能够帮助自己解决问题。

（二）拐卖妇女

拐卖妇女是指以出卖为目的，涉及拐骗、绑架、收买、贩卖、接送、中转妇女等行为。我国刑法明确规定这是一种犯罪行为。从被拐卖的对象来看都是妇女，拐卖妇女现象直接是一种两性之间的权利关系，它与出生性别比失调、男婚女嫁等性别偏好和性别制度有直接的关系。

根本治理这一问题的方式是：需要修改和完善法律中涉及打击拐卖妇女犯罪行为的有关条文，加大打击犯罪行为的力度；需要在政府层面、社会社区层面、家庭层面以及个人层面开展一系列的、具有针对性的活动，进行综合治理，以便更有效地改善被拐卖和欺骗妇女在流入地的生存与发展，更有效地减少和遏制拐卖、拐骗妇女现象的发生。

（三）针对妇女暴力的干预原则和干预策略

1. 干预原则

（1）接纳受害妇女描述的问题而不是责怪受害者；

（2）尊重受害妇女的人格独立，提升她们的自信心；

（3）关注受害妇女的安全；

（4）与受害妇女建立信任、真诚的专业关系。

2. 干预策略

（1）促进相关立法以及完善相关法律；向有关机构及其领导者、决策者进行倡导、宣传、培训；开展国家间以及政府和非政府组织间的合作；建立和完善对受暴妇女的社会救助机制；向大众进行重视妇女人权的宣传和教育，倡导社会树立尊重妇女的良好社会氛围。

（2）为受暴妇女提供各种形式的服务。

（3）建立受暴妇女支持小组，鼓励小组成员主动参与反暴工作以及唤醒社会的理解和关注；建立对施暴人的干预机制，不仅从法律上更要从思想认识上学习如何尊重妇女，制止其暴力行为。

（4）开展反对妇女暴力的综合干预行动，制订公检、司法、城市、农村、医院、妇联、民间组织等综合行动计划，倡导立法综合干预模式。

三、妇女的生存和发展问题

（一）妇女的就业问题

妇女的就业问题涉及城市妇女和外出务工的流动妇女两部分人群。女性集中在报酬比较低的领域就业，缺乏必要的社会保障。另外，女性打工者很难享受到医疗服务。针对妇女就业问题，一方面需要有针对性地进行技术培训，扩大就业岗位；另一方面也要呼吁政策和法律加强对就业的妇女在报酬、职业健康和福利等方面的保障。针对流动妇女人群更要强调包括性别平等在内的社会平等。

（二）妇女的生殖健康问题

妇女的生殖健康问题指与生殖有关的一切事宜，在身体、心理、社会方面的健康状态，而不仅仅是没有疾病或不适。具体表现为人们能够有和谐、满意而安全的性生活，有生育能力，有权获得卫生保健和生育健康的知识与信息，有权享有必要和良好的健康服务等，以及妇女对自己健康权利的认识和行使的能力。

妇女生殖健康方面存在的问题有：妇女的生殖健康受到危害；妇女缺乏生殖健康方面的知识，也意识不到生殖健康是自己的权利；流动妇女，尤其是在打工妹群体和一些从事商业性性服务的妇女中，性疾病更是严重地威胁着她们的健康，她们的生殖健康保障被边缘化，她们极度缺乏生殖健康方面的有关保障。

妇女生殖健康问题存在的成因：社会将妇女的人类生产作为一种私人的事情，因而不能像其他的生产一样给予应有的重视；将妇女当成传宗接代的生育工具，无视妇女作为人的权利；社会为妇女生殖健康提供的资源有限，以及人们包括妇女自身缺乏对生殖健康权利的认识。

妇女生殖健康问题干预策略：针对妇女的生殖健康问题，需要宏观的政策推动和微观的妇女健康权利的教育，以及实际干预行动相结合。针对妇女的生殖健康开展综合干预，是妇女社会工作的重要工作内容。

（三）妇女参政的问题

妇女参政是实现人的基本权利以及政治决策民主化的要求，也是一个国家妇女地位的标志。妇女参政包括权利参与和民主参与两个方面：（1）权利参与主要指妇女进入国家及社会事务的各个管理阶层，开展决策和公共管理；（2）民主参与是指妇女作为主体行使民主选举、建议等权利。妇女社会工作在妇女参政方面的主要任务是，在微观层面推动基层妇女民主参与和权利参与，增强妇女的基层公共事务管理能力。

（四）妇女贫困问题

造成妇女贫困的根源是结构性的，即与男性相比，妇女在获得权利、教育、培训、生产等资源方面的机会有限。针对妇女的贫困状况，一方面需要政府的各项政策和措施的支持，以加大扶贫的力度；另一方面需要妇联和民间组织运用小额贷款和农村综合发展等形式减低妇女的贫困状况。

四、推进社会性别平等的工作

（一）宣传和贯彻马克思主义妇女观

马克思主义妇女观是指导中国妇女运动的重要思想来源。它是指运用辩证唯物主义和历史唯物主义的世界观和方法论，对妇女社会地位的演变、妇女的社会作用、妇女的权利以及妇女争取解放的途径等基本问题做出科学的分析和概括。它具体包括：妇女受压迫是人类一定历史发展阶段的社会现象；妇女解放的程度是衡量人类普遍解放的天然尺度；妇女参加社会劳动是妇女解放的一个重要的先决条件；妇女解放是一个长期的历史过程；妇女在创造人类文明、推动社会发展中具有伟大的作用。

（二）宣传男女平等的基本国策

江泽民同志 1995 年在第四次世界妇女大会上提出："我国把男女平等作为促进社会发展的一项基本国策。"男女平等是指男女两性在政治、经济、文化、社会和家庭生活等各方面享有平等的权利和机会。男女平等是妇女解放的重要目标，也是社会进步的一项重要指标，是整个社会平等的一部分。男女平等国策的贯彻和执行就是社会性别主流化的过程。

（三）推动社会性别主流化的工作

一个国家是否真正重视性别平等与妇女发展的重要标志，即是否具有不断提高妇女地位的国家机制。性别平等的立法、国家行动计划的制订和实施以及促进性别平等的国家机构的建设，是建设和完善提高妇女地位的国家机制的重要内容，也是妇女社会工作者开展工作的重要依据和保障。

社会性别指在一个特定社会中由社会形成的有关男性和女性的群体特征、角色、活动及责任等。社会性别是从女性主义理论中发展出来的一个核心理念。它是由后天社会建构而成的，在个人的社会化以及社会制度中得到传递巩固。它是一种社会关系，同时也是一种权力关系。

社会性别主流化：把性别问题纳入主流是一个过程，它对任何领域的任何一个计划行动，包括立法、政策或项目计划等对女性和男性产生的影响进行分析。它是一个战略，把对女性和男性的关注、经历作为在政治、经济和社会等各领域中设计、执行、跟踪、评估政策和项目计划的不可分割的一部分来考虑，以使女性和男性能平等受益，逐渐消除性别不平等的现象，最终达到社会性别平等。

推动社会性别主流化的内容包括：强化性别意识、注重性别分析、维护性别公正、推动平等基础上的性别发展目标；采用为决策层、执行层、监察层和评估层提供性别意识训练，向政府宣扬社会性别观点的策略；通过自上而下、自下而上或者两者相结合的路径，使社会性别意识贯彻到社会公共政策之中，并使其上升到国家意识。马克思主义妇女观是妇女解放的指导思想，它所强调的男女平等是我们国家的一项根本性政策，而社会性别主流化是男女平等基本国策的具体策略和实施途径。

练一练

单项选择题

吴女士长期以来忍受丈夫的家庭暴力。这天，因饭菜不合口味，丈夫动手打了吴女士耳光，吴女士刚辩解几句，丈夫用绳子将其勒得喘不过气，并用刀将她的手臂砍伤。邻居们闻声冲开门把吴女士救了下来并请来了社会工作者。面对这种情况，社会工作者首先应该（　　）。

A. 送吴女士就医并确保其安全

B. 收集诊断证明等相关证据，为吴女士维权做准备

C. 向媒体披露事实，获得社会的同情与支持

D. 请律师找吴女士丈夫商议离婚事宜

【解析】针对妇女暴力的干预原则包括：（1）接纳受害妇女描述的问题而不是责怪受害者；（2）尊重受害妇女的人格独立，提升她们的自信心；（3）关注受害妇女的安全；（4）与受害妇女建立信任、真诚的专业关系。题中，社会工作者首先应该送吴女士就医并确保其安全。本题正确答案为 A。

学完上述内容以后，大家知道应该为妇女提供哪些服务了吧？妇女社会工作涉及的领域相当广泛，小到个人、家庭，大到社会和国家政策，因此妇女社会工作是一个全社会的议题，也需要全社会的共同参与。

在本部分内容中，如果你能够复述妇女的婚姻家庭问题、针对妇女的暴力问题、妇女的生存和发展问题，列举推进社会性别平等工作的措施，那么，恭喜你，你已经掌握了妇女社会工作的主要内容。

接下来，你可以继续往下学习了。

知识点3 妇女社会工作的方法

学前思考

在生活中，注意观察和倾听社会上对妇女存在的歧视或偏见，你能否举出一个这样的事例呢？

本节知识重点

学习提示：在本部分内容中，我们将学习妇女社会工作的方法。

一、性别分析的方法

（一）性别角色分工分析

在大多数社会中，低收入的妇女承担生育、生产和社区管理的角色，而男人则承担生产和社区政治活动的角色。在这三种角色的影响下，妇女的活动和发展空间受到很大的限制。

（二）性别需求分析

摩塞把妇女的需求分为实用性社会性别需求和战略性社会性别需求两种。

实用性社会性别需求是指在社会生活中妇女就其社会承认的角色而确定的需要。实用性需要的满足依旧延续传统的分工模式和角色。

战略性社会性别需求指的是由妇女在社会中的从属地位而产生的需要。这类需要涉及社会的分工模式、权利等，满足这类需求可以协助妇女取得更多的平等权利，改变现存的社会分工模式和角色，挑战妇女的从属地位。

二、妇女赋权的方法

赋权是指使一个人感觉有一种自我控制的能力，尊重自己、充满自信，并且相信自己有能力改变现状的过程。

（一）干预目标

妇女赋权的目的是通过社会工作者和妇女之间的共同合作，让妇女有能力认识到自身的真实处境，引发她们对形成这种境况的社会因素进行思考，寻找解决的途径，并且通过采取具体的行动来改善处境。具体包括：意识提升；增强能力、发展技能，尤其是计划、决策、组织、管理、开展活动以及与周围他人和机构打交道等方面的能力；参与并扩展在家庭、社区和社会方面的支配和决策的力量；采取具体的行为获得两性间的平等。

（二）干预方法

妇女赋权的干预方法包括：透明化；鼓励和肯定；权利分析；意识觉醒；倡导政策改变。

三、性别视角的社会工作方法

（一）建立平等的协作关系

信任关系建立的具体技巧包括：具有性别敏感性的倾听、反映感受和表达同感；接纳妇女的防卫和否认行为以及带来的问题，而不是责怪；鼓励表达个人化的故事和经验；肯定妇女在家庭中所承担责任的价值；尊重妇女的语言表达逻辑。社会工作者是促进者而非指导者，与服务对象建立的是一种双向的协同关系，即互惠互利、患难与共的关系，并且鼓励妇女以“自己的话”来描述自己的经验。

（二）协助妇女重新界定问题，提升意识

协助妇女重新界定问题，提升意识的具体方法和技巧包括：无论妇女带来的问题是什么，都不要将问题个人化，以减低妇女的自责；分析问题的成因；协助妇女重新认识女人以及女人承担的角色，关注生育健康权利；寻找问题处理的个人能力与资源、环境等之间的关系，协助认清个人无力感的具体形成过程。

（三）挖掘自身潜能，联络周围资源，解决面对的问题

挖掘自身潜能，联络周围资源，解决面对的问题的方法包括：协助妇女认清自己的性格、特长和优势；肯定妇女为解决问题而做过的努力以及取得的成绩，并且从中看到自己的能力和优势；协助妇女认清问题本身可能带来的机会和挑战；协助妇女从自己的生命故事的回顾中找到解决问题的动力和契机；协助妇女联络周围的资源，建立支持小组。

（四）协助类似处境的妇女建立支持小组

1. 建立小组要兼顾妇女的两种需求

妇女有实用性性别需求和战略性性别需求两种基本的需求。社会工作者应以满足妇女实用性性别需求为基础，进一步启蒙妇女的思想意识，使之朝向战略性性别需求的目标

发展。

2. 小组活动的时间和场地一定要根据妇女的情况而定

尤其针对农村妇女和流动人口群体以及一些特殊需要的妇女群体而开展的妇女小组，如单亲母亲小组等，小组活动的时间和场地需要根据妇女的情况而定，方便妇女参加。

3. 社会工作者和妇女的平等关系

社会工作者要警惕自己在小组中的身份以及由此带来的不平等；需要关注自己的情绪和感受，将自己的心放到小组中去，而不是把自己作为一个冷静的领导小组活动的专家。

四、宣传教育、倡导和资源链接

宣传与教育的方法包括：利用各种政策出台和修改的机会进行宣传和教育；利用各种节假日作为推动和宣传的契机；利用突发性事件进行宣传和教育；利用各种培训机会将性别意识纳入培训活动中。

倡导指的是为了确保社会公正，站在服务对象或者受助团体的立场上，直接从事代表、捍卫、支持受助个人或者团体的利益的活动过程。倡导的前提是妇女自身存在着实际困难、缺乏社会保障制度以及政策和法律保障不力等问题。倡导的目的是改变政策、法律和制度。

资源链接增加妇女的资源，是妇女社会工作的重要工作方法。资源链接包括个人身边资源链接、个人所在的社区内部和外部的资源链接等。

五、其他方法

以女性主义的理论为指导或者从女性主义的视角入手，已经被比较广泛地运用到妇女社会工作的领域来为妇女提供服务，并形成了一些独特的和宝贵的经验与服务角度。

（一）介入原则

女性主义者在介入方法的运用方面基本上反对弗洛伊德、沙利文、埃里克森、马斯洛和科尔伯格的观点，认为这些治疗理论主要是立足于男性心理与经验发展而来的，并没有把女性同样视为是有价值与独立的个体。在女性受压迫的基本假设之下，他们注重分析女性被歧视的内涵，分析的架构包含女性被贬抑的知觉、受虐但未经纠正、被剥夺的知觉。

（二）对案主问题所持的观点

女性主义者主要从社会结构因素解释女性的问题。例如，女性的心理健康直接与社会文化是否肯定她们的价值有关，包括个人特征和社会表现。

（三）与社会工作使命及原则相连接

女性主义与社会工作之间有共通的使命与工作原则，Morell（1987）指出二者都强调

“双重焦点”，亦即个人改变与社会变迁之间的相关性。另外，在进行服务和介入时，女性主义强调工作人员与案主间的平等关系，Wetzel（1986）认为女性主义与社会工作都关心人群的福利与发展，积极地参与社会、关心个人的尊严及价值、寻求排除个人自我实现的障碍、预防或消除压迫和歧视，以及了解人类共同需求。

女性主义事务的个人目标与社会变迁是互相结合的，但是整体而言，女性主义事务的长期目标在于：消除社会对于女性的压迫以达到女性的解放；重新确认女性的独立性和自主性，致力于提升妇女意识觉醒；希望能创造一个两性平等的社会，使具有任何特征的女性都获得自我实现的机会。短期目标则包括女性对问题的社会根源的认知、自我价值感与环境控制的提议，以及社会行动的参与，包括通过成立以女性为主导的妇女组织、挑战不平等的父权制度和两性关系。

在个别的直接服务当中，女性主义并不相信有价值中立的介入，重要的是要知觉自己所持的信念与价值观；其基本主张是增强权能，即增加案主的能力以采取行动，改变自身处境并能控制自己的生活。

练一练

单项选择题

建筑业是以男性为主的行业，存在女性被边缘化的现象。某社会工作服务机构计划为建筑工地的女性提供服务。社会工作者在运用赋权理论制定服务目标的过程中，正确做法是（　　）。

A. 与有关专家共同制定目标　　B. 与男性员工共同制定目标

C. 与女性员工共同制定目标　　D. 与建筑公司管理层共同制定目标

【解析】妇女赋权的目的是通过社会工作者和妇女之间的共同合作，让妇女有能力认识到自身的真实处境，引发她们对形成这种境况的社会因素进行思考，寻找解决的途径，并且通过参加具体的行动来改善处境。本题正确答案为 C。

学完本部分内容后，你知道妇女社会工作的主要方法了吗？都有哪些内容呢？

在本部分内容中，如果你能列举出妇女社会工作的方法，那么，恭喜你，你已经掌握了妇女社会工作的方法。

到这里，本单元的学习之旅就算告一段落了，请做好复习总结。

拓展阅读

TUOZHANYUEDU

1. 张洪英 . 专业妇女社会工作知识体系浅论 . 中华女子学院山东分院学报，2008（02）：13-19.

2. 刘俊清，甘开鹏 . 论妇女社会工作本土化的途径：人种方法论的视角 . 常州工学院学报（社科版），2006（01）：98-100.

3. 张良广 . 妇女：个人成长—组员互助—社区行动——基于佛山 D 村妇女社会工作的

研究 . 中华女子学院学报，2010，22（01）：61-65.

单元小结

DANYUANXIAOJIE

本单元主要讲述了妇女社会工作的概念、妇女的特点和需要，妇女社会工作的主要内容以及妇女社会工作的方法。学完本单元，我们要能够提高性别意识，在任何场合都要注意尊重女性，其实妇女社会工作也是从自己做起，从身边的小事做起，以身作则，影响他人。

以上就是本单元的全部内容，感谢大家的辛苦努力，继续保持，加油！

Unit 6

第六单元

残疾人社会工作

学习导引

同学们好！我们每个人在出生及成长过程中，都有可能面临着肢体或精神方面缺陷的风险，但“世界那么大，我想去看看”，不管过去、现在以及未来发生过什么，我们应该始终坚信生活依然美好。对于已经有身心障碍的人来说，生活也许是无望的甚至是绝望的，而作为社会工作者的我们在接触残疾人时该如何处理，从而让这些折翼的天使拥有隐形的翅膀呢？接下来就让我们共同进入今天的主题吧！

本单元我们又将接触一个新的群体——残疾人群体。在本单元中，我们将一起学习残疾人社会工作概述、残疾人社会工作的主要内容以及残疾人社会工作的方法。只有在拥有这些知识和技能之后，我们才能更好地为残疾人群体服务。

学习目标

学习本单元内容之后，我们能够：

（1）描述残疾人的问题和需求、残疾人社会工作的概念；

（2）阐述残疾人社会工作的主要内容；

（3）根据残疾人的实际需求，提出社会工作介入策略。

接下来让我们一步步深入理解本单元的学习内容吧。首先，我们来熟悉一下本单元内容的整体框架。

知识结构图

以下是本单元内容的整体框架以及学习这部分内容的思维过程规划。此图可以帮助大家从整体上了解本单元内容的知识结构和学习路径，包括残疾人社会工作概述、残疾人社会工作的主要内容以及残疾人社会工作的方法。请大家仔细品读和理解，帮助自己建立对本部分知识的整体印象。

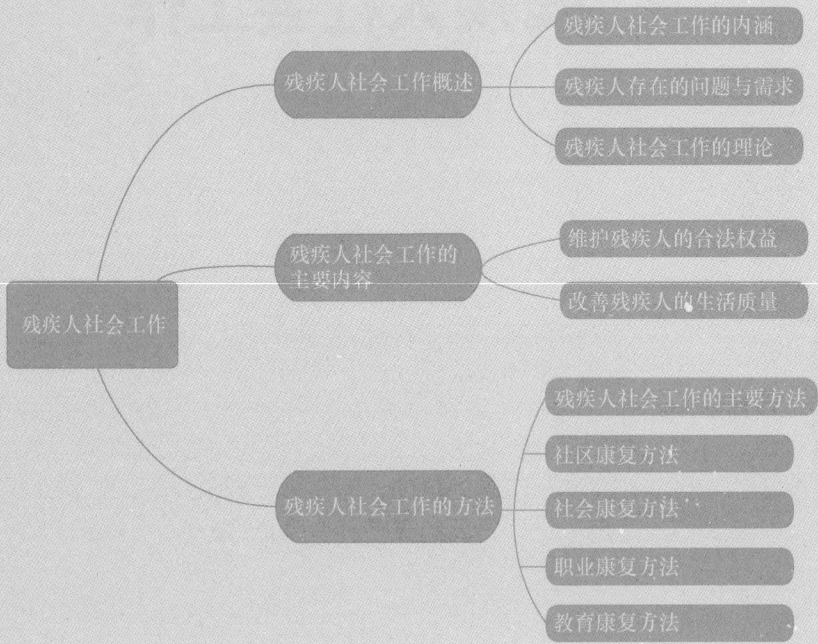

看完上面的知识结构图后，大家是否已经对本单元所要学的内容以及如何学习这些内容，有了一个初步的整体印象了呢？接下来，让我们在这个整体框架的指引下来逐一学习每个知识点的具体内容。我们需要重点学习残疾人的概念、问题及需求，残疾人社会工作的概念，残疾人社会工作的主要内容，社区康复方法，社会康复方法。在学完这些内容的基础上，你可以试着将理论与实务相结合，这样可以帮助你更好地内化所学内容。

知识点 1 残疾人社会工作概述

学前思考：台湾对残疾人的定义

我国台湾称残疾人为身心障碍者，是指身体系统构造或功能，有损伤或不全导致显著偏离或丧失，影响其活动与参与社会生活，经医事、社会工作、特殊教育与职业辅导评量等相关专业人员组成之专业团队鉴定及评估，领有身心障碍证明者。思考一下，大陆和台湾在对残疾人概念的界定上有什么区别？

本节知识重点

学习提示：生活在同一个地球的我们，能够遇到很多残疾人，但我们真正懂得残疾的概念吗？在本部分内容中，我们需要重点关注残疾人的问题和需求、残疾人社会工作的概念等。

一、残疾人社会工作的内涵

（一）残疾人的内涵

1990 年 12 月颁布、2008 年 3 月修订的《中华人民共和国残疾人保障法》（以下简称《残疾人保障法》）中对残疾人有如下定义：“残疾人是指在心理、生理、人体结构上，某种组织、功能丧失或者不正常，全部或者部分丧失以正常方式从事某种活动能力的人。”因此，残疾人不仅局限于器官的丧失或者不正常，而且包括了精神和智力方面的残疾。在《残疾人保障法》里所说的残疾人，包括肢体残疾者、听力残疾者、言语残疾者、视力残疾者、智力残疾者和精神残疾者六种。此外，还有一些残疾人，一身兼有两种甚至两种以上的残疾，属于综合性多重残疾人。

（二）残疾人社会工作的定义

残疾人社会工作不同于一般的残疾人服务，而是社会工作者运用社会工作理论与方法帮助残疾人补偿自身缺陷，克服各种环境障碍，重新回归社会生活的专业活动。其目的与宗旨是帮助残疾人提高社会地位，改善生活质量，获得社会保障，在平等地参与社会生活的基础上，与健全人一样共享人类社会创造的一切物质文明和精神文明成果。

（三）残疾人社会工作的特点

1. 崇尚专业的社会伦理精神

社会工作是助人自助的工作，崇尚专业的伦理精神。从伦理学的角度来看，残疾人社会工作者认为以下情况是开展工作的前提：残疾的病人需要长期的治疗和护理；康复服务应有多部门的参与；康复依赖于许多专业人员的努力；残疾人社会工作需要残疾人及其家属的积极参与；残疾人一般不需要广泛使用抢救及支持生命的技术；康复对象难以确定治疗的终点；残疾人关心的是外观形象、残存功能和在社会及职业方面的角色。

2. 提倡助人为乐的奉献精神

助人为乐，是社会工作者的基本素质。残疾人不同于其他困难群体，他们由于身体的残缺而存在形象不好、交流困难和特别自卑等问题，需要特别耐心和坚韧的敬业态度开展工作，由此，助人为乐的奉献精神对残疾人社会工作尤为重要。

3. 充分利用社会支持网络

残疾人由于自身的特殊性，单靠自身的力量很难维持和恢复其正常的生活，再加上社会转型和体制变革的冲击，使得他们在社会的竞争中处于绝对的劣势，进一步加剧了残疾人的身心伤害，妨碍了残疾人在享受社会权利与履行社会职责方面的能力。残疾人作为特殊的弱势群体，更需要广泛的社会支持。健全的社会支持网络对于残疾人身心功能的康复、正常生活的建立、自理能力的提升以及正常社会活动的参与甚至自我价值的实现具有重要的意义。

4. 有效利用调解的方式

调解是人类在日常生活中发生各种矛盾冲突时所普遍采取的一种解决方式。调解的主要目的是维护社会的稳定与和谐。世界各国都有不同类型的调解机构和调解方式，这些调解机构和方式都受到法律环境的影响和制约。虽然我国在司法领域也建立了人民调解员制度和社会工作体系，但大量的社会问题不可能都由人民调解员介入，社会工作者应该学习国内外先进的调解方法和技巧，包括专业的沟通技巧，有效地开展服务。在残疾人社会工作中，应充分利用这种方式，并提倡团队协同工作的方法，综合地协调解决残疾人的社会问题、家庭问题和个人问题。

5. 充分利用保护性政策

最大限度地利用社会保障政策，是残疾人社会工作的特征之一。残疾人的各种问题，几乎都涉及社会保障政策的落实。虽然《残疾人保障法》已经实施了很久，但是一些地区宣传贯彻得并不够好。关系到残疾人切身利益的《残疾人教育条例》《农村五保供养工作条例》和按比例就业政策等，都需要社会工作者在为残疾人服务的过程中具体落实。

二、残疾人存在的问题与需求

（一）残疾人面临的主要问题

1. 城镇残疾人面临的主要困难

（1）经济方面的困难。残疾人就业难，家庭的经济收入较少而开支却较多，所以比一般健全人家庭的经济状况有明显的困难。

（2）住房方面的困难。残疾人家庭的住房困难在城镇十分突出。由于残疾人存在各种行动障碍，他们中又有许多人长期与父母、兄弟姐妹生活在一起，残疾人的居室空间多很狭小。另外，寻找住房的困难又迫使残疾人只好在大家庭中生活。

（3）婚姻方面的困难。在婚姻恋爱方面，不仅残疾人本身困难重重，而且直接影响到残疾儿童的丧偶父母再婚和残疾人的兄弟姐妹寻偶。这个问题使不少残疾人家庭长期笼罩在一片阴影下。

（4）就医方面的困难。残疾人家庭在成员患病时，面临比健全人家庭更大的困难。不仅残疾人求医有特殊困难，而且作为配偶或父母的残疾人，当其他成员因病求医或住院治疗时，自己缺乏帮助的能力。这个问题在夫妻双方都是残疾人的家庭中特别突出。

（5）社会交往方面的困难。残疾人家庭大多数存在着社会交往方面的困难。由于世俗的偏见、物理性障碍和心理负担，作为配偶或父母，参与社会交往的机会很少，有时不得不放弃。尤其是精神病人的家庭成员，社会舆论使他们不愿与社区内的人们往来，因此也增加了生活层面的困难。

（6）心理障碍。以上原因及残疾人求学难、交通困难等原因，使残疾人家庭大都感到精神压抑。作为残疾人的直系亲属，心理负担随着残疾人的情感变化而动荡起伏，这是健全人家庭难以体会到的。

2. 农村残疾人面临的主要问题

（1）交通不便。这个问题严重影响到残疾人求学、就医、就业和其他社会交往。由于大多数农村地区道路崎岖、交通工具少，或山路狭窄、泥泞，或缺乏轮椅、支具，使残疾人很难离开居室。

（2）体力劳动困难。由于难以从事繁重的体力劳动，生活缺乏保障，农村许多地方还没有相应的优惠政策和具体措施，而残疾人本身无力参与繁重的田间劳动，使很多残疾人家庭困难重重。

（3）医疗困难。新型农村合作医疗制度、医疗救助制度和最低社会保障制度还存在薄弱环节，残疾人家庭经济困难和疾病致贫问题比较普遍。

（4）社会服务缺乏。农村缺乏城市的社区服务，从经济生活到日常照料，90% 以上的残疾人都是靠自己的家庭成员或亲属的帮助，维持低水准的生活状态。

（二）残疾人的基本需求

1. 法律保障

各地政府贯彻和落实《残疾人保障法》，纷纷制定出在本地区的实施措施和具体规定，制定出保障残疾人合法权益的规定和优惠政策。各地的具体规定和优惠政策，使广大残疾人享受到了法律的保障。

在贯彻落实《残疾人保障法》的工作中，残疾人社会工作需要采取具体措施，维护残疾人的合法权益不受侵害，从而帮助他们更积极地参与社会生活。在机构里和社区中开展政策咨询服务，是残疾人社会工作的重要内容。

2. 家庭扶助

针对残疾人及家庭的特殊困难与需求，中央及各地制定了相应的政策并采取了许多措施加以解决。其中最重要的是对贫困群体行之有效的“最低保障制度”。

“最低保障制度”首先是在城市中实行的，主要采取经济补贴的政策，对包含残疾人在内的经济困难家庭给予长期性补助。此外，在医疗、住房等方面也给予适当照顾。

3. 权利保护与法律援助

1996 年 4 月，我国的法律援助工作正式全面启动。与此同时，国务院批准实施《中国残疾人事业“九五”计划纲要》。随后，全国人大内务司法委员会、司法部、中国残联于 1996 年 10 月联合召开了全国残疾人事业法制工作会议。根据会议部署和《中国残疾人事业“九五”计划纲要》及配套实施方案的要求，“九五”期间对残疾人的法律服务总目标是：逐步形成以城乡法律服务机构为主体、以制定或委托律师事务所为骨干、以志愿者服务机构为补充的残疾人法律服务网络，广泛开展残疾人法律服务。

为落实上述会议精神，司法部与中国残联先后联合发出《关于加强残疾人合法权益保障做好残疾人法律服务工作的通知》和《关于做好残疾人法律援助工作的通知》，对法律援助中心、律师事务所、公证处、基层法律服务所开展残疾人法律服务和法律援助工作提出了具体要求。此后，全国各地的司法部门和法律工作者积极开展工作，取得了很大成效。社会工作者大力支持，密切配合，包括取得相关材料、获取证据以及适当的转介服务等，使越来越多的残疾人合法权益得到了保障。

4. 就业政策

由于残疾人自身难以克服的身心障碍，需要特殊的就业保护政策。残疾人回归社会的主要困难，首先表现在经济方面，其中严重的社会障碍是就业难。劳动就业，是每一个残疾人的基本要求，也是每一个有劳动能力的残疾人的基本权利。就业问题是解决残疾人回归社会问题的中心环节和残疾人社会工作的一项重要内容。

针对这一现象的具体措施如下：我国政府规定，对残疾人福利性企业事业组织和城乡残疾人个体劳动者，实行税收减免政策，并在生产、经营、技术、资金、物资、场地等方面给予扶持。地方人民政府和有关部门应当确定适合残疾人生产的产品，优先安排残疾人福利企业生产，并逐步确定某些产品由残疾人福利企业专产。政府有关部门下达职工招用、聘用指标时，应当确定一定数额用于残疾人，如果不能完成招用、聘用指标时，应交纳“就业保障金”。对于申请从事个体工商业的残疾人，有关部门应当优先核发营业执照，并在场地、信贷等方面给予照顾。对于从事各类生产劳动的农村残疾人，有关部门应当在生产服务、技术指导、农用物资供应、农副产品收购和信贷等方面，给予帮助。

5. 康复与医疗救助

由于残疾人的身心障碍是长期甚至是终生的，所以对康复的需求也是长期和普遍的。不仅残疾人在机构中的康复治疗周期比其他疾病治疗的周期长，而且康复的项目也更为复杂；对突发性事故致残者的心理疏导以及特殊辅助器具的配置都需要给予更多的关照。

在建立新型合作医疗制度的同时，我国政府还积极建立和健全农村医疗救助制度。各地政府采取不同形式帮助困难的残疾人获得医疗保障。

6. 伤残抚恤

在我国残疾人群体中，“革命伤残人员”是特殊身份的群体，其中主要是伤残军人，他们可以得到政府颁发的收入性福利。《残疾人保障法》明确规定：国家和社会对伤残军人、因公致残人员以及其他维护国家和人民利益致残的人员提供特别保障，给予优待和抚恤。革命伤残人员按照伤残等级确定待遇标准，国家给予安排工作的在职伤残人员，也可以按规定享受抚恤待遇。

7. 社会保险

我国的社会保险，为受保人提供了丧失劳动能力后的生活待遇，其中直接关系到残疾人切身利益的，是医疗保险和工伤保险。职工因工致残或患有职业病，可以享受抚恤金。这不仅可以保证受保人的生活，还可以使其家庭生活收入不受很大影响。

从我国残疾人的情况来看，能够享受收入性福利的只是极少数。社会福利提供的收入性待遇，在残疾人生活来源中目前只起微小的作用。对绝大多数残疾人来说，他们主要是从劳动和家庭抚养中获得经济来源。因此，残疾人迫切需要不同形式和内容的社会保险。其中智力残疾和精神残疾的家庭对社会保险的呼声强烈。而商业保险的开展，对残疾人及其家庭的社会保障将起到重要的辅助作用。

8. 特殊教育

《残疾人保障法》和《残疾人教育条例》规定：国家保障残疾人受教育的权利；各级人民政府应当将残疾人教育作为国家教育事业的重要组成部分；国家、社会、学校和家庭对残疾儿童、少年实施义务教育；国家设立助学金，帮助贫困残疾学生就学。

发展残疾人教育事业是十分艰难的事情。残疾人教育应当根据残疾人的年龄、残疾类别和接受能力，采取普通教育方式或者特殊教育方式进行，一方面充分发挥普通教育机构在实施残疾人教育中的作用，另一方面还要鼓励社会力量办学，支持社会组织投入特殊教育。国家应该对特殊教育机构和工作人员、残疾人家庭适当给予政策性扶助；同时大力扶持社会组织兴办的特殊教育机构。

9. 文化生活照顾

残疾人是社会工作众多服务对象中普通的一类群体，他们与普通大众一样，有人类共同的生存、成长和发展所需要的资源、环境和文化、心理需求。社会工作者要运用自己的专业知识和技能，为他们提供良好的文化生活方面的服务，以满足他们的文化生活需要。

不过，残疾人又是社会工作服务对象中特殊的一类，即他们身体或心理上存在一定障碍，使他们在参与正常的社会生活上有特殊的困难。残疾人在文化、体育活动中需要特殊照顾。社会工作者对此既承担着帮助残疾人的责任，也承担着动员社会力量的责任。通过与相关部门、机构和社会组织的配合，协助残疾人克服躯体和心理障碍，为残疾人参与社会文化生活服务。

10. 改善社会环境

《残疾人保障法》规定国家和社会应逐步创造良好的环境，改善残疾人参与社会生活的条件。具体包括：建设无障碍环境；社会理解与互助；助残日。《残疾人保障法》规定每年 5 月的第三个星期日为全国助残日。此外，政府和有关部门机构还充分利用“国际残疾人日”“世界爱眼日”“世界爱耳日”等开展扶残助残活动。

三、残疾人社会工作的理论

（一）供养理论

在过去，社会上对于残疾人，特别是失去劳动能力的残疾人，最初的、被认为是最好的办法是把他们养起来。他们的家人或社会通过对残疾人经济上的供养表示对残疾人的责任和爱。在过去，这种供养几乎只限于完全丧失劳动能力的残疾人，但随着时代进步，对残疾人供养的范围在扩大。尽管不同社会对残疾人供养的内容和水平有所不同，但是一般来说，这种供养大多限于物质方面，对他们的精神需求、对他们的能力关注不够。尽管对于残疾人，特别是严重丧失劳动能力的残疾人来说，经济上的供养是十分必要的，但这并不是对残疾人照顾的全部。

（二）回归社会理论

它是针对供养理论的弊病提出来的。各种社会福利机构对残疾人进行供养照顾，机构管理和工作人员的消极漠视态度、严格的管制以及残疾人之间刺激性的互动不但不利于残疾人的康复，反而会使残疾人处于消极的社会关系之中。使残疾人（精神病患者）处于积极的社会关系之中是必要的，其基本方法就是走出封闭。因此，改变院舍照顾这种既昂贵、效果又欠佳的照顾模式的呼声逐渐被人们所接受，让残疾人回到他们熟悉的社区中去接受照顾，在一般的社会中过正常的生活成为残疾人照顾模式的普遍选择。社区照顾模式就是近些年流行的一种典型模式和比较好的选择。

（三）增能理论

它克服了把残疾人看作是“有问题的人”的问题视角。许多关于残疾人、老人的供养及照顾理论，把服务对象看作是脆弱人群的同时，忽视了人是有潜能的、是可以改变的这一社会工作的基本价值观念。增能理论则站在人的发展的立场上，认为通过一定的方法，残疾人可以在一定程度上恢复他失去的机体的、社会的功能，并有助于他们进入一般的、正常的社会生活。增能不但在于增强其原本丧失的机体的功能，而且可以增强他们的生活信心，甚至可以减轻他们内心认为自己对社会造成“拖累”的不良感受。增能理论是以人的发展理论为基础的，它关注人的基本价值的实现。按照增能理论的理解，增能的方式也是多种多样的。比如康复可以使残疾人已丧失的功能得以恢复，教育和培训可以发掘他们的潜能，外界生活、活动条件的改善可以减少他们表现自己能力的障碍等。

纵观上述三个主要的理论依据，不仅基于残疾人需求的变化，而且源于社会对残疾人需求的认知，呈现了一种从将残疾人置于院舍照料到回到社会的变化过程，以及残疾人服务主体从国家、家庭到社会多元主体不断增加的过程。

练一练

多项选择题

根据残疾人的定义，以下个体属于残疾人的是（　　）。

A. 小明遭遇工伤，导致左臂丧失

B. 小红先天发育不完整，生活在无声的世界里

C. 李某在地震丧亲后，一直精神恍惚，胡言乱语

D. 王某从小智力低下，无法就学

E. 高某摄入过量甲醇，导致双目眼失明

【解析】本题属于对概念的灵活运用题。在《残疾人保障法》里所说的残疾人，包括肢体残疾者、听力残疾者、言语残疾者、视力残疾者、智力残疾者和精神残疾者六种。以上选项都属于个体残疾，故全选。

学完上面的内容后，大家是否已经对残疾人社会工作概述的相关内容有了一个较为全面的认识和理解呢？

在本部分内容中，如果你能复述或者用自己的语言来回答残疾人的概念、问题和需求，那么恭喜你，你已经掌握了本部分的内容。

请你做好本部分的梳理总结，稍做休息，我们继续进行下一个知识点的学习。

知识点 2 残疾人社会工作的主要内容

学前思考：无障碍设计

20 世纪初，由于人道主义的呼唤，建筑学界产生了一种新的建筑设计方法——无障碍设计。它运用现代技术建设和改造环境，为广大残疾人提供行动方便和安全空间，创造一个“平等、参与”的环境。国际上对于物质环境无障碍的研究可以追溯到 20 世纪 30 年代初，当时在瑞典、丹麦等国家就建有专供残疾人使用的设施。1961 年，美国制定了世界上第一个《无障碍标准》。此后，英国、加拿大、日本等几十个国家和地区相继制定了有关法规。观察自己周边的建筑是否配置了残疾人使用的设施，并思考哪些地方应该为残疾人配置专用设施。

本节知识重点

学习提示：当我们对残疾人的问题和需求有了一定的认识之后，那我们究竟该为残疾人做哪些服务呢？接下来我们将继续学习残疾人社会工作的主要内容。

一、维护残疾人的合法权益

（一）宣传贯彻《残疾人保障法》

1. 学习《残疾人保障法》

《残疾人保障法》是我国历史上第一部关于全面保护残疾人的法律。它是保障残疾人权益、发展残疾人事业的基本法律，旨在保障残疾人以平等的权利、均等的机会，充分参与社会生活，共享社会物质文化成果。

2. 了解残疾人社会组织

中国残疾人联合会是中国政府批准的全国性残疾人事业团体。中国残联及其地方组织，代表残疾人的合法权益，团结教育残疾人，为残疾人服务。同时，中国残联及其地方组织依照法律、法规、章程或者接受政府委托，开展残疾人工作，动员社会力量，发展残疾人事业。

（二）开展政策咨询工作

在贯彻落实《残疾人保障法》的工作中，社会工作者需要采取具体措施，维护残疾人的合法权益不受侵害，从而帮助他们更积极地参与社会生活。在机构里和社区中开展政策咨询服务是社会工作的重要内容。《残疾人保障法》的内容涉及我国现行的许多法律、法规和政策，社会工作者要熟悉这些才能很好地为残疾人服务。当前，残疾人的法律政策咨询主要有以下几个方面的问题：意外伤害赔偿问题；劳动就业问题；求学问题。

（三）支持对残疾人的法律援助

在针对弱势群体的法律援助工作中，残疾人是得到普遍援助的群体。开展法律援助服务，社会工作者首先要明确法律援助的对象和条件是指什么人，在什么条件下可以获得法律援助。《中华人民共和国律师法》和《司法部关于开展法律援助工作的通知》对法律援助的对象、条件作了比较明确的规定。

1. 法律援助的对象

根据有关规定，我国法律援助的对象是中华人民共和国公民和符合一定条件的外国公民。法律援助的条件可分为一般条件和特殊条件。一般条件是对中国公民普遍适用的条件，中国公民只要具备一般条件都可申请法律援助。一般条件主要包括以下两项：有充分理由证明为保障自己合法权益需要帮助；确因经济困难，无能力或无完全能力支付法律服务费用（公民经济困难标准由各地参照当地政府部门的规定执行）。由于大多数残疾人都是处于经济困难的生活状态中，所以较多具备这两项条件。

2. 法律援助的特殊条件

法律援助的特殊条件主要有以下几种：一是盲、聋、哑和未成年人为刑事被告人或犯罪嫌疑人，没有委托辩护律师的，应当获得法律援助。二是可能被判处死刑的刑事被告人没有委托辩护人，人民法院指定律师辩护的，可以获得法律援助。三是刑事案件中外国籍被告人没有委托辩护人，人民法院指定律师辩护的，可以获得法律援助。

二、改善残疾人的生活质量

改善残疾人的生活质量是残疾人社会工作的主要内容和目标，具体包括：帮助残疾人克服物理性障碍；建立和谐的人际关系；为残疾人配置特殊的辅助用具；积极组织残疾人参与各种有益的社会活动。

（一）建设无障碍环境

无障碍环境是残疾人参与社会生活的基本条件，无障碍环境包括物质环境无障碍、信息和交流无障碍。物质环境无障碍主要是要求城市道路、公共建筑物和居住区的规划、设计、建设应方便残疾人使用和通行；信息和交流无障碍主要是要求公共传播媒介应使听力、语言和视力残疾人无障碍地获得信息，进行交流，包括影视字幕、盲文、手语等。

社会工作者在机构和社区中，都应该为残疾人家庭环境的无障碍设计与改造提供必要的服务。其中主要包括：为肢体残疾者进行出入门、过道、卫生间的改造，以及各种居室增加面积、安装扶手或栏杆、安装洗浴、设方便轮椅操作的设施等；为视力残疾人安装门铃、警铃、铺设防滑地面和提供盲表、盲杖等；帮助听力语言障碍者安装必要的电子仪器设备。

在开展上述工作中，应注意以下要点：要学习有关知识，了解市场情况；要尊重残疾人案主的自决，实事求是地解决问题；要与有关部门充分协商，取得支持；要强调因地制宜和因陋就简的原则，根据案主的需求具体处理。

（二）残疾人特殊用具的配置

1. 残疾人辅助器具供应网络

目前我国建立了残疾人辅助器具研发机构，并在地方形成了供应网络。残疾人社会工作者要了解残疾人辅助器的有关信息，为有特殊需求的残疾人提供服务或及时转介。

改善和提高残疾人的生活质量，为他们提供必需的用品用具十分重要。在康复医疗机构和社区康复工作中，社会工作应包括为残疾人配置使用的用品用具。这项工作必须与康复工程技术人员互相配合。包括：视力残疾者在日常生活中需要盲杖、盲表、收录机和一些高科技电子器具；听力语言残疾者需要助听器；肢体残疾者则需要轮椅、假肢、矫形器和较多的卫生用品。

2. 建立个案工作机制

在康复机构中开展的社会工作，是以个案工作为主、小组工作和社区工作为辅的专业社会工作。其个案工作方法是，每一个专业社会工作者负责一个病区或一种疾病、一种伤残类型的康复对象，对案主进行一对一的工作，采取调查立案、咨询、会谈和访视等手段，在案主及当事人的配合下，帮助案主解决他们所面临的社会问题。帮助有需求的残疾人获得合适的辅助器具，是个案工作的一项重要内容。在配置辅助器具时，社会工作者要在残疾人或其他康复对象住院后，首先与家属和单位取得联系，全面了解残疾人的家庭与社会情况，协助残疾人及其家属解决影响残疾人住院期间的家庭与社会问题，以便使其安心治疗；同时和医生、护士、心理工作者、功能训练人员以及康复工程技术人员一起讨论并配置合适的辅助器具，制订训练方案、定期进行康复评定，为残疾人回归社会创造条件。

（三）组织残疾人参加社会活动

组织残疾人参加各种有益的社会活动，可以提高他们参与社会的能力和改善生活质量，是残疾人社会工作的重要内容之一。社会工作者在组织残疾人参加社会活动时，首先要鼓励残疾人树立自尊自信、自强自立的精神；其次还要动员社会力量尽可能地帮助残疾人，使他们得以顺利地参加共同组织的活动。

在机构和社区里，社会工作者都应该把组织残疾人积极参加社会活动作为十分重要的任务，应用小组工作方法和社区工作方法开展专业化服务。这是将社会工作理论应用于实务工作的考察和评估途径，也是检验工作成效的一个标准。

组织和帮助残疾人参与社会生活，在提高残疾人社会地位的情况下还可以帮助他们获得特殊教育和劳动就业的机会，社会工作应该始终把这些实务作为目标来完成。只有残疾人真正获得独立生活的条件和能力，才能更好地参与社会生活。

知识拓展

为贯彻落实《国务院关于印发“十三五”推进基本公共服务均等化规划的通知》（国发〔2017〕9号）、《国务院关于建立残疾儿童康复救助制度的意见》（国发〔2018〕20号）和中国残联、国家卫生健康委、国务院扶贫办印发的《残疾人精准康复服务行动实施方案》有关要求，进一步规范残疾人基本康复服务内容，中国残联、民政部、国家卫生健康委、国务院扶贫办共同修订了《残疾人基本康复服务目录（2016年版）》，形成了残疾人基本康复服务目录（2019年版）（以下简称《目录》）。《目录》包括《0~6岁残疾儿童基本康复服务目录（2019年版）》和《7岁以上残疾儿童和成年残疾人基本康复服务目录（2019年版）》，见表6-1、表6-2。

表6-1　0～6岁残疾儿童基本康复服务目录（2019年版）

残疾类别	服务对象	服务项目	服务内容
视力残疾	符合条件的有康复需求的0～6岁视力残疾儿童	康复医疗	纳入当地基本医疗保险支付范围的视力康复医疗项目。
		康复训练	视功能、定向行走、感知觉补偿训练。
		辅助器具	助视器、盲杖等基本型辅助器具适配及使用训练。
		支持性服务	家长康复知识培训及家庭康复训练指导、心理疏导、康复咨询等服务。

续表

残疾类别	服务对象	服务项目	服务内容
听力残疾	符合条件的有康复需求的0～6岁听力残疾儿童	康复医疗	1. 人工耳蜗植入手术。 2. 其他纳入当地基本医疗保险支付范围的听力康复医疗项目。
		康复训练	听觉言语康复训练。
		辅助器具	1. 人工耳蜗适配及使用指导。 2. 助听器适配及使用指导。 3. 耳模、电池等助听器辅助材料。
		支持性服务	家长康复知识培训及家庭康复训练指导、心理疏导、康复咨询等服务。
肢体残疾	符合条件的有康复需求的0～6岁肢体残疾儿童	康复医疗	1. 先天性马蹄内翻足等足畸形、脑瘫导致严重痉挛、肌腱挛缩、关节畸形及脱位等矫治手术。 2. 其他纳入当地基本医疗保险支付范围的肢体康复医疗项目。
		康复训练	粗大运动功能、精细运动功能、认知能力、语言能力、生活自理能力和社会适应能力等训练。
		辅助器具	假肢、矫形器、轮椅、助行器、坐姿椅、站立架等基本型辅助器具适配及使用训练。
		支持性服务	家长康复知识培训及家庭康复训练指导、心理疏导、康复咨询等服务。
智力残疾	符合条件的有康复需求的0～6岁智力残疾儿童	康复医疗	纳入当地基本医疗保险支付范围的智力康复医疗项目。
		康复训练	认知、生活自理和社会适应能力等训练。
		支持性服务	家长康复知识培训及家庭康复训练指导、心理疏导、康复咨询等服务。
孤独症	符合条件的有康复需求的0～6岁孤独症儿童	康复医疗	纳入当地基本医疗保险支付范围的孤独症康复医疗项目。
		康复训练	沟通和社交能力、生活自理能力、情绪和行为调控等训练。
		支持性服务	家长康复知识培训及家庭康复训练指导、心理疏导、康复咨询等服务。

表 6-2 7岁以上残疾儿童和成年残疾人基本康复服务目录（2019年版）

残疾类别	服务对象	服务项目	服务内容
视力残疾	符合条件的有康复需求的7岁以上视力残疾儿童和成年持证视力残疾人	康复医疗	纳入当地基本医疗保险支付范围的视力康复医疗项目。
		康复训练	定向行走、生活技能及社会适应能力等训练。
		辅助器具	盲杖、助视器等基本型辅助器具适配及使用训练。
		支持性服务	导盲随行外出、心理疏导、社会融合活动、康复知识讲座等服务。

续表

残疾类别	服务对象	服务项目	服务内容
听力残疾	符合条件的有康复需求的 7 岁以上听力残疾儿童和成年持证听力残疾人	康复医疗	纳入当地基本医疗保险支付范围的听力康复医疗项目。
		辅助器具	助听器适配及使用指导。
		支持性服务	康复指导、心理疏导、手语翻译等服务。
肢体残疾	符合条件的有康复需求的 7 岁以上肢体残疾儿童和成年持证肢体残疾人	康复医疗	纳入当地基本医疗保险支付范围的肢体康复医疗项目。
		康复训练	日常生活能力、体能、社会适应能力等训练。
		辅助器具	假肢、矫形器、轮椅、助行器、坐姿椅、站立架、生活自助具、护理器具等基本型辅助器具适配及使用训练。
		支持性服务	康复知识与实用训练方法培训、心理疏导、社会融合活动、生活自理和居家护理指导、日间照料等服务。
智力残疾	符合条件的有康复需求的 7 岁以上智力残疾儿童和成年持证智力残疾人	康复医疗	纳入当地基本医疗保险支付范围的智力康复医疗项目。
		康复训练	认知、日常生活能力、职业康复和社会适应能力等训练。
		支持性服务	康复知识培训、家庭康复指导、心理辅导、社会融合活动、生活自理和居家护理指导、日间照料等服务。
精神残疾	符合条件的有康复需求的 7 岁以上孤独症残疾儿童和成年持证精神残疾人	康复医疗	纳入当地基本医疗保险支付范围的精神康复医疗项目（含药物、住院治疗）。
		康复训练	沟通和社交能力、日常生活能力、情绪和行为调控、职业康复、工（农、娱）疗和社会适应能力等训练。
		支持性服务	康复知识培训、家庭康复指导、心理疏导、生活自理和居家护理指导、社会融合活动、日间照料、随访等服务。

练一练

单项选择题

无障碍环境是残疾人参与社会生活的基本条件，无障碍环境包括物质环境无障碍、信息和交流无障碍。以下不属于物质环境无障碍设施的是（　　）。

A. 人行道中的盲道　　B. 残疾人专用洗手间

C. 供聋哑人使用的影视字幕　　D. 公交车上的残疾人专区

【解析】本题考查学生对课程内容掌握的熟练程度，以及对题干的把握。物质环境无障碍主要是要求城市道路、公共建筑物和居住区的规划、设计、建设应方便残疾人使用和通行；信息和交流无障碍主要是要求公共传播媒介应使听力语言和视力残疾人无障碍地获得信息，进行交流，包括影视字幕、盲文、手语等。本题正确答案为 C。

学完上述内容以后，大家知道应该为残疾人提供哪些服务了吧？残疾人尽管有某方面的障碍，但是他们在社会生活中也拥有巨大的潜力。

在本部分内容中，如果你能够指出残疾人拥有的合法权益、需要改善残疾人生活的哪些方面，那么，恭喜你，你已经掌握了残疾人社会工作的主要内容。

接下来，你可以继续往下学习了。

知识点 3 残疾人社会工作的方法

学前思考：想一想

回想自己平时有没有为残疾人群体提供过志愿服务，为他们做了什么服务，并思考当时是如何做的。

本节知识重点

学习提示：了解了残疾人社会工作的主要内容，那么接下来就是如何做的问题了，在本节中我们将学习残疾人社会工作的方法。

一、残疾人社会工作的主要方法

（一）建立信任关系

建立信任关系的主要内容有：

（1）建立服务对象对社会工作者的信任。

（2）树立社会工作者和服务对象对于其改变能力的信念。

（3）传达出对于残疾人服务对象的价值的信念。

（4）处理好同情心与同感。

（5）避免掉入先入为主的陷阱。

（6）建立耐心和理解。

（7）减少恐惧和不适。

（二）参与残疾评定

残疾人社会工作者应该熟知评定残疾的标准，知道不同的残疾等级意味着什么，并能参与基本的残疾评定工作。

（三）个人与社区状况评估

1. 生态框架的评估

运用生态框架分析残疾服务对象的问题的优势在于，能把问题放到其生活的情景中去认识，更能够看到多种因素对残疾人问题造成的影响，以及各因素间的交互作用。

经典的生态图包括在中心位置有一个圆环，圆环内是生态图的核心关注点，一般情况下是服务对象的名字。在中心圆环之外环绕的是其他一些圆环，每个圆环都标明了核心圆环同它的关系。其重要性和与中心圆环的关系可以用三种方式来表示：圆环的大小、位置以及跟中心圆环连线的特点。

2. 优势视角的评估

优势视角对于协助具有无价值感、无助感的残疾人会特别有帮助。在这一理论视角中，问题被界定为个人需要与环境要求和资源间的不平衡。

运用优势视角做评估会从四个方面考虑，即环境的优势、个人的优势、环境的缺失、个人的缺失。社会工作者和服务对象一起填充这四个方面的资料，可以使用简单的图示来进行优势视角的评估。

3. 生理心理社会视角的评估

这一视角评估不仅能评估生理方面的功能，而且还会探讨心理和社会方面的功能状况，找到稳定、改善或解决服务对象的问题的途径。其框架包括：

（1）生理状况：身体功能。

（2）心理状况：内部、精神、情感。

（3）社会生活：外部、关系、环境。

（4）文化：外部、民族、地区。

（5）精神：宗教信仰。

4. 社区需求评估

社区需求评估通常会采用定量和定性两种研究方法。通过分析人口统计数据、做社会调查、召开社区公众会议、代表会议、开办焦点小组等，了解社区残疾人群体以及个人的需求。需求评估通常包括：社会保障、交友、教育、就业协助、行为调适上的协助、居家生活协助、社区无障碍方面的协助、健康协助、社区中的支持网络等内容。

（四）介入模式

1. 危机介入

危机介入模式对于处理新确诊或刚刚残疾的服务对象的问题很适用。

残疾可能会永久性地改变一个人的功能，社会工作者要有长远眼光，在危机介入之后跟服务对象一起筹划长远的安排。另外，不要把残疾假定为危机的主要先导因素，社会工作者要让残疾人自己来确定残疾本身是否在其经历的危机中起了作用。

2. 增能模式

增能模式是把增能理论运用于社会工作实践，有下面八个指导原则：

（1）运用反思、思考和解决问题推动对残疾人问题的应对、调适或社会改变。

（2）通过运用充权技巧，确保服务对象的基本需求得到满足，来增强服务对象的动机。

（3）保持心理上的舒服感和自尊，将压迫来源外化，减少自责。

（4）通过教授技能以及提供体验的机会，增强解决问题的能力并推动自我引导。

（5）在社会工作者和服务对象间身体力行平等、对等和公平。

（6）只要时机恰当，运用增能技巧开展小组工作和社区工作，推动社会改变。

（7）所持专业立场是有意识地把受压迫的经历作为开展服务对象工作的一个问题来处理。

（8）了解辅导工作的过程与方法。

3. 倡导模式

倡导模式是指社会工作者采用倡导的方式，代表残疾服务对象表达需求、维护权益的工作模式。

4. 自助小组

自助小组能向成员传达出力量、优势、自给自足和个人的尊严，解决独立问题。自助小组的规模可大可小，多是开放式的，随时接纳新成员。社会工作者在自助小组中扮演促进者的角色，率先发起自助小组，提供咨询，做初期的培训，给组员提供支持，帮助确立小组的领袖。在小组运转一段时间并有了自己的领袖后，社会工作者一般就不再担当领导角色，只在必要的时候给小组提供支持。

5. 社区工作模式

（1）调动资源。具体的步骤是：1）协助残疾人找到社区内一些潜在的、有帮助的人际网络和服务资源；2）鼓励并激发这些人际网络发挥作用；3）调动不同的可运用的资源和支援网络去帮助服务对象；4）调动志愿者定期探访和组织活动，联络邻居在残疾服务对象遭遇危机时提供照应等。

（2）创造新资源。创造新资源主要包括：互助或支持团体、照顾者的团体、服务性的志愿者团体、倡导性团体等。

（3）社区联络。即与社区内不同组织和人士建立和保持一个合作的网络和关系，从而为解决残疾人的问题创造良好的资源和人际环境，包括：对某些残疾人、事件或问题的短期性的联络和合作；建立长期和持续性的联络和工作关系。

（4）社区倡导与教育。社区倡导是为一些备受忽视的残疾人争取合理的照顾和权益，包括在机构内以及本社区为残疾人争取更好的服务，以及提出合理的政策建议、改善残疾人的困境。

教育是要让社区公众明白和体会一些身处困境的残疾人的状况，消除他们对残疾人的偏见和歧视，从而争取更多的社区公众对残疾人工作的支持和参与。

6. 个案管理模式

个案管理模式广泛用于处理有综合性需求的残疾人群体的问题，特别是开展有持续需求的服务对象的工作。

知识拓展

残疾人社会工作方法以及策略的再认识

面对残疾人群体的特殊性，在理论的指导下，残疾人社会工作在付诸实践过程中不仅要发挥社会工作的专业性，而且要考量残疾人的主体性和能动性。这个实践过程就是社会工作“走进去”、残疾人“走出来”的过程。

一、社会工作“走进去”——个案工作

在理论层面上，残疾人社会工作经历了由供养理论向回归社会理论的转变，从问题视角或者缺陷理论到增能理论和优势视角的转变。这一点指导社会工作在实务介入层面上，表现为从单一的个案模式向综合服务模式的转变。因为残疾人面临的问题以及需求已经越来越复杂化、多样化，需要动用政治、社会、家庭等资源协助残疾人更好地融入社会。但是残疾人面临的问题和困境产生的异于他人的需求常常是异质化的，这要求社会工作在输送具体资源的行动中必须精准化。例如，当残疾人面临就业困境产生就业需求时，社会工作必须要把握这种需求，提供就业指导或者依据残疾人个体特征为残疾人寻找就业机会。而这种精准化行动就是社会工作“走进去”，了解和把握个体残疾人需求的综合个案服务模式，也是社会工作实务通常采取的个案社会工作。这种社会工作方式是针对残疾人的特殊情况和需求，了解和掌握残疾人的心理特征和问题，协助和调整残疾人与外在环境的社会关系，并运用社会资源改善和支持残疾人实现社会生活功能，从而满足残疾人需求。这种工作方式需要社会工作者作为专业人员首先“走进去”，定位残疾人问题与需求，通过协调、链接和整合有效的资源为具有多重困境的残疾人提供全方位的服务，实现资源与需求的匹配。例如，有学者在残疾人社会工作中引入个案工作方法，建立了一个完整的服务于残疾人的社会工作体系，主要包括三方面的内容：个案建档、分级对个案进行跟进（分为活跃个案、普通个案和非活跃个案）以及采用调级制度。

二、残疾人“走出来”——小组工作

残疾人因为存在与“健全人”不同的特征，不仅社会对其有异样的眼光，而且往往其自我认知也比较消极，将自己隔离在社会生活之外。当社会工作者“走进去”时，残疾人通常作为一种被动接受者，难以实现残疾人回归社会的最终目标。因此，对于残疾人社会工作来说，只有采取有效的方式让残疾人“走出来”，才能从本质上促进残疾人自身主动融入社会生活中。这种促进残疾人“走出来”的方式就是小组工作。小组工作是指以团体或小组为对象，以促进团体或小组成员的发展为目标，为残疾人提供团体活动或经验，希望借助团体生活加快残疾人自身的社会化。小组工作主要有三种模式，分别为社会目标模式、互惠模式和治疗模式。社会目标模式强调参与、赋权，民主参与，以小组工作推动社区发展；互惠模式强调个人的发展与小组给个人带来的归属感是密不可分的，能够鼓励残疾人发挥自己的主观能动性和自觉的能力；治疗模式侧重于残疾人的心理治疗，意在解决其在社会生活中遇到的心理、社会、文化方面适应不良的问题，提升其适应社会的能力。把遭遇同样困境的残疾人及其家人组成一个具有具体目标的小组，通过小组组员之间的互动以及互相表达支持，增加自我效能感，增强社区和社会融入。

残疾人"走出来"的小组工作方式，可以满足残疾人的归属感需求，通过团体活动得到互助合作的资源，更为重要的是对于残疾人来说还具有心理治疗的功能。残疾人"走出来"的小组工作过程意味着协助这个特殊群体发挥主体性作用完成个体社会化。有学者利用小组工作方法，在残疾人社区融入问题上，从最开始的需求调研到组建活动发现目标领袖，并成立残疾人社团，引导他们走向公益，激励残疾人群体发挥团体性作用实现资源链接，不仅使社团可持续发展，而且有效地实现了残疾人的社会化。

三、"走进去""走出来"的推进策略

让社会工作"走进去"以及让残疾人"走出来"应该从以下几点进行推进：

一是在社会工作理念上，坚持优势视角。优势视角既体现了对残疾人的尊重，又有助于拉近社会工作者和残疾人的距离，同时也符合社会工作"助人自助"的价值主张。这一理念的贯穿和实践，需要依托对残疾人的赋能和增权。社会工作者应以动态、生产的视角来看待残疾人的"优势"，可以通过能力培训、资源链接等手段来挖掘和培养残疾人的各项能力。这种理念能够使作为行动者的社会工作者获得残疾人的认同与信任，首先可以走进残疾人生产和生活场域，同时通过自身能力的发挥和资源的提供，完成"走进去"的目标。

二是在社会工作内容上，将预防和康复相结合。2017 年国务院发布的《残疾预防和残疾人康复条例》明确指出，"残疾预防和残疾人康复工作应当坚持以人为本，从实际出发，实行预防为主、预防与康复相结合的方针"。残疾人社会工作者的一个重要责任，就是要搞好残疾预防工作，杜绝和减少人为因素造成的新残疾。在具体路径上，要对遗传、疾病、药物、事故等主要致残因素实施动态监测，把各种致残因素减到最低。在预防的基础上，要重视康复工作，康复既体现在各种生理能力的培养，又体现在心理能力的建设。在具体内容形式上，应着力于康复场所、康复医生、服务内容等的系统化和一体化。在康复工作开展过程中，通过开展残疾人康复指导、日常生活能力训练、康复护理、辅助器具配置、信息咨询、知识普及和转介等社区康复工作，为残疾人提供更加专业化的服务。其中，尤其需要注意的是，在对残疾人提供的康复服务中，应做到"精准康复"，即对残疾人的健康、日常活动、社会参与等需求进行评估，依据评估结果制订个性化康复方案。

三是在社会工作手段上，关注残疾人所处的"社会情境"。通常来说，单纯的生理缺陷和残疾并不必然构成残疾人参与经济与社会活动的障碍，障碍的程度是由残疾人与其所处的社会情境之间的关系所决定的，因此需要将残疾人所处的社会情境进行优化。首先，在家庭层面，增强对残疾人家庭的社会支持，国家政策目前对于残疾人家庭及家庭的保障性支持是比较少的。家属作为照料和促进残疾人康复最有力的支持者，他们不仅承担了经济压力，还承受了沉重的精神压力，因此需要对他们进行关注和赋权，给予相应的支持，强化残疾人及其家庭的社会支持网络。其次，在社交网络层面，帮助残疾人营造良性、互相扶持的社会关系网络，提高残疾人的社会支持体系。例如，在社会工作的具体开展过程中，可依托"以残助残"的模式，将具有一定能力和优势的残疾人群体纳入社会工作队伍，发挥其带头和示范作用，形成残疾人互帮互助的小组或者团体。最后，在政府层面，应着力推进在各医学院校、民政院校、高校社会工作系（专业）普遍开设一些康复社会工作、康复医学、康复心理学等课程，重视培养康复教学、科研人才和实际工作者。同时，要有计

划地对现有康复工作干部、康复医务人员进行康复业务培训，使他们提高业务素质，增强实际工作能力。为残疾人营造良好的社会情境，这成为残疾人“走出来”的重要保障。

资料来源：罗艳．残疾人社会工作的再认识．中国社会工作，2019（1）：39-40.

二、社区康复方法

（一）社区康复

社区康复是在城乡社区水平基础上，积极调动和协调社区内有关部门和人员，包括残疾人及其家属，充分开发和利用社区的资源，在医疗、教育、职业和社会等方面，为残疾人及其他康复对象提供有效、可行、经济的全面康复服务，从而促进他们在社会生活及家庭生活中的自尊、自信、自强、自立，积极参与社会生活。

在社区资源的组织、动员方面，重要的是将有利于残疾人生存和发展的自然资源、社会资源结合起来，共同支持残疾人的康复。在这方面，社会工作者应该发挥重要的作用。

（二）社区康复的内容

1. 开展残疾的预防

残疾预防是在发生伤、病、残之前，预防其发生或减轻其功能障碍程度的措施。无论是在各种机构中还是社区里，社会工作者在残疾预防方面，特别要注意开展以下工作：

第一，修建方便残疾人日常生活的无障碍设施，并保证这些设施能安全使用；不允许在盲道上堆放物品；坡道要及时扫除冰雪杂物；机构内厕所的便池扶手等要保持清洁、稳固；打扫房间地面时应注意防止残疾人滑倒摔伤。

第二，特殊教育机构避免使用容易造成光、电伤害的玩具和有尖角、锐棱等容易碰伤儿童的玩具；儿童玩具要经常消毒、修理和更新；防范健全儿童在各种活动中伤害残疾儿童。

第三，关心残疾人的心理健康，防止因孤独、自卑、妒忌等因素造成的自残或故意伤害其他人的行为。

第四，组织院内、院外集体活动时，要做好各项准备工作，活动过程中要加强纪律，防止意外事故发生。

2. 开展康复评定

在社区康复中，要采取客观、准确的方法评定伤、病、残者功能障碍性质、部分、范围、程度、发展趋势、预后和转归。评定方法要有肌力评定、关节活动度评定、步态分析、运动功能评定、日常生活活动能力评定、肌电生理测定、认知功能评定、心理功能评定和职业技能评定。

3. 开展全面康复服务

康复治疗是基础性的工作，主要是根据评定结果，设计和实施康复治疗方案。方案应包括合理应用各种康复治疗方法和措施，最大限度地恢复患者丧失的功能，最终回归社会。常用方法有物理治疗、运动疗法、作业疗法、言语康复治疗、心理康复疗法，同时开展康复护理、康复工程、职业康复和社会康复等服务。社会康复和职业康复服务，目前主要由社会工作者承担。其他服务，则需要社会工作者开展个案服务时适当干预和转介。

在社区康复中，社会工作者要根据各地实际情况协助建立和健全视力残疾儿童康复、聋儿康复、智障儿童康复、偏瘫康复、脑瘫康复、精神病康复（包括自闭症）等不同类型和规模的社区康复站，并介入具体的专业服务。

三、社会康复方法

（一）社会康复的内容

社会康复是指从社会的角度采取各种有效措施为残疾人创造一种适合其生存、创造、发展、实现自身价值的环境，并使残疾人享受与健全人同等的权利，从而达到全面参与社会生活的目的。

社会康复工作的目标包括：广泛运用社会工作专业知识帮助残疾人，使残疾人的功能丧失减低到最低限度；防止残疾人可能增加的损伤；最大限度地提高残疾人的生理功能；增进残疾人对于困难情境的自我处理和自我照顾能力以及向他人倾诉和沟通的能力；使残疾人获得充分的情绪支持，并培养其社会适应能力；提高残疾人的职业技能，发挥其潜能，增强其社会生活能力，并最终使残疾人也对社会有所贡献。

社会康复方案包括五个方面的内容：协助康复医师正确地诊断、有效地医治，以维持残疾人康复后的健康状况和自我照顾能力；要考虑残疾人康复后应有的基本医疗设施并进行转介服务，包括地方性的医疗单位、残疾老年人、残疾儿童的疗养所及福利机构的设施；家庭照顾方案的实施，康复社会工作者要与康复医师、护士等定期到残疾人家庭探访，提供康复指导；要与有关机构协调，开展一切必要的和可能的社会服务项目，促使残疾人有效利用医疗设施，同时补充医疗服务的不足；提供社会工作的其他专业服务，包括合法权益的维护及提供职业培训和特殊教育的机会与条件，切实解决残疾人社会适应问题，满足他们的社会福利需求，帮助他们重新参与社会生活。

（二）社会康复的措施

社会康复的措施主要包括以下内容：

（1）协助政府机构制定法律、法规和各种政策来保护残疾人的合法权益，使其享有同健全人一样的物质生活条件和文化成果；

（2）保障残疾人生存的权利，使其在住房、食物、婚姻家庭方面得到公平的待遇，有适合其生存的必需条件；

（3）为残疾人自身的发展提供帮助，使其有接受教育和培训的机会，提高其生活自理能力、就业能力和参与社会的能力；

（4）消除家庭中、社区里和社会上的物理性障碍，使残疾人获得生活起居的方便，并享受社会的公共设施服务；

（5）大力提倡和实现人道主义精神，消除社会上对残疾人的歧视和偏见，激励残疾人的自强自立精神，建立一种和谐的社会生活环境；

（6）组织残疾人与健全人一起参加社会文化、体育和娱乐活动，支持残疾人自己的社团活动，通过交往，形成全社会理解、尊重、关心和帮助残疾人的良好风尚；

（7）帮助残疾人实现经济自立，或提高其经济自立能力，保障其在经济生活中不受歧视，对于不能实现经济自立的重度残疾人，帮助他得到社会给予的经济保障；

（8）鼓励和促进残疾人参与社会的政治生活，保障其政治权利。

四、职业康复方法

（一）咨询

职业咨询是职业康复方法的第一个环节，其目的在于接案后针对残疾人的特殊情况和与就业相关的问题进行综合考察，帮助残疾人解决职业中出现的问题。

（二）评估

职业评估通常称为职业评定，是职业康复方法的第二个环节，也就是个案工作的预估。其目的在于评定残疾人的作业水平和适应职业的可能性。职业评定是一个涉及身体、心理和职业适应性三个方面的综合过程。

（三）培训

帮助残疾人从事职业活动的有效措施，是社会工作者与职业指导师一起对残疾人进行就业前培训和上岗前培训。就业前的培训是指受训者掌握与特定职业相关的基础知识技能。这些知识与技能是从事特定职业活动的基础，它具有广泛性，其重点是让受训者掌握从事职业活动所必需的能力和态度。上岗前的培训要求残疾人掌握即将从事的职业所要求的知识和作业技能，从而适应职业活动的要求。

（四）就业指导

社会工作者需要根据残疾人的实际情况，提供劳动市场、就业方向等信息以及具体就业指导意见和建议；在有条件的情况下，还要针对残疾人进行职业工作领域中出现的问题提供跟踪服务。职业指导要求对残疾人的情况有一个全面深入的了解，并向残疾人提供有关方面信息。残疾人职业指导的目的，在于帮助残障者选择职业、选择职业课程、介绍就业、增进职业效率。

五、教育康复方法

（一）特殊教育

教育康复也称为特殊教育，其主要对象是机构中和城乡社区的各类残疾人，不仅包括在残疾类型上有肢体、智力、听力、语言、视力等类的残疾人，而且包括在年龄上从婴幼儿、学龄前到学龄期残疾儿童、青少年以及部分残疾成年人（含老年人）。教育康复的重点是从出生到入学年龄前的残疾婴幼儿和少年儿童的早期干预，以及义务教育阶段后的与职业康复就业安置等相关的教育工作。

（二）配合特殊教育工作

对残疾人要配合特殊教育工作者进行针对残疾人的基础文化科学知识及劳动、职业技能的训练，加强对于学龄前和学龄期残疾儿童的身心全面发展的课外训练。社会工作者在专门的特殊教育机构或培训中心一方面要有选择性地开展个案工作，及时开展小组工作；另一方面要对不能到专门机构去的残疾人开展咨询服务或各种专门的辅导。

对残疾儿童父母、家属，社会工作者要使他们正确认识和对待残疾人。残疾儿童的父母及家属中有相当一部分人不能正确认识和对待残疾，把残疾看成是“羞耻”“倒霉”或者有负罪感、过分自责，因此就出现了歧视残疾儿童、不平等对待或过分溺爱、关照等不正常的情况。一般对残疾的家庭成员康复和发展没有信心，或者仅是“养活”“给口饭吃”。社会上也存在歧视、藐视残疾人或过分呵护、怜悯的两种极端认识和错误态度。这些都不利于残疾人康复。在这种情况下，教育康复还有矫正这些不当行为和进行心理疏导的工作。

社会工作者在帮助残疾儿童和家属的同时，还要促使社会组织、服务机构和其他残疾人康复工作者掌握有关知识，并使各种专业人员的知识、技能不断提高。在国家残疾人事业“十五”“十一五”计划纲要中多次提到了康复知识的普及、对家长或亲友的训练和对康复人员的训练。这些不仅是对残疾人家长（或亲属）与康复人员的一种特殊要求和教育，也是残疾人社会工作在特殊教育领域的一个内容。

知识拓展

国务院总理李克强签署第675号国务院令，公布《残疾预防和残疾人康复条例》（以下简称《条例》），《条例》自2017年7月1日起施行。

我国现有残疾人总数约为8 500万，残疾人的小康是全面建成小康社会不可或缺的一部分。近年来，我国在残疾预防和残疾人康复工作上取得了显著成效，但相对于经济社会发展水平而言仍总体滞后，在全社会对残疾预防重视程度、残疾人康复服务体系建设、对残疾预防和残疾人康复工作的支持与宣传力度等方面还存在一些问题和不足。此次制定《条例》，就是为了从制度层面推动解决上述问题，促进我国残疾预防和残疾人康复事业持续健康发展。《条例》共6章36条。

《条例》明确了各级政府的职责，要求加强对残疾预防和残疾人康复工作的领导；组织做好对主要致残因素的动态监测和重点预防，对致残风险较高的地区、人群、行业、单位的优先干预等工作；合理配置残疾人康复资源，建立、完善残疾人康复服务体系。

《条例》规定了残疾预防工作的基本原则，要求覆盖全人群和全生命周期，以社区和家庭为基础，坚持普遍预防和重点防控相结合；建立残疾人信息收集、共享制度，以解决残疾人信息不全、底数不清的问题；明确将残疾预防融入疾病防控、母婴保健、交通安全、生产安全等相关行业管理服务之中。

《条例》明确了残疾人康复服务的基本要求，明确了康复机构及其工作人员的法定条件及要求，以规范康复服务行为、保障康复服务质量。县级以上人民政府应当优先开展残疾儿童康复工作，实行康复与教育相结合。

《条例》加大了对残疾预防和残疾人康复事业的扶持力度，包括加强对残疾人的医疗保障，尤其是强化了对0～6岁残疾儿童、城乡贫困残疾人、重度残疾人等特殊残疾群体的保障力度；明确政府要对从事残疾预防和残疾人康复服务的机构给予资金、物资方面的支持等。此外，《条例》还给有条件的地区实施高于国家规定水平的残疾人康复保障措施预留了制度空间。

练一练

多项选择题

以下描述属于职业康复方法的是（　　）。

A. 社工为残疾人王某提供职业咨询

B. 社工根据残疾人李某的身体、心理和职业适应性等方面进行职业评定

C. 社工与职业指导师一起对残疾人张某进行就业前培训和上岗前培训

D. 社工根据残疾人赵某的实际情况，为其提供劳动市场、就业方向等信息以及具体就业

E. 社工老师在特殊教育学院教授手语课程

【解析】本题考查职业康复方法的主要内容，职业康复的方法包括职业咨询、职业评估、职业培训以及就业指导。而选项E则属于教育康复方法的内容。本题答案为ABCD。

学完本部分内容后，你知道残疾人社会工作的主要方法了吗？它们的主要内容分别是什么？

在本部分内容中，如果你能用自己的观点回答或者复述上述问题，那么，恭喜你，你已经掌握了残疾人社会工作的基本内容。

到这里，本单元的学习之旅就算告一段落了，请做好复习总结。

拓展阅读

TUOZHANYUEDU

1. 冯聪聪，张策．社会工作方法在残疾人社会福利服务中的运用——以Y社区小组工作为例．社会与公益，2019（04）：21-24.

2. 张玉．残疾人需求满足的社会工作介入研究——以济南市L社区社工项目为例．山东大学，2019.

3. 汤夺先，张传悦．我国大陆地区残疾人社会工作研究综述．安徽农业大学学报（社

会科学版)，2012，21(02)：80-84.

4. 姚尚满 . 我国残疾人社会工作的发展现状及对策 . 山西高等学校社会科学学报，2007(6).

5. 易艳阳 . 残疾人社会工作实务的过程与特点——基于社会工作通用过程模式的研究 . 残疾人研究，2013(01)：36-40.

单元小结

DANYUANXIAOJIE

本单元主要讲述了残疾人社会工作的概念、残疾人的问题和需求，残疾人社会工作的主要内容以及残疾人社会工作的方法。学完本单元，我们可以体会到残疾人在社会中处于弱势地位，这种弱势地位会造成残疾人在心里产生悲观的情绪。但残疾人依然和健全人拥有同样的生活需求，社会工作者需要发挥其作用，运用社会工作专业知识和方法介入残疾人的社会功能的恢复、身心康复，发掘残疾人潜力，发展残疾人生计并为残疾人倡导良好的社会环境。

以上就是本单元的全部内容，感谢大家的辛苦努力。这是本门课程的最后一单元，学习是一个付出与收获成正比的过程，你可以给自己留下一定时间，思考本门课程的学习内容，祝大家学有所获、学有所成！

参考文献

[1] 全国社会工作者职业水平考试教材编写组 . 社会工作实务（中级）[M]. 北京：中国社会出版社，2015.

[2] 特纳 . 社会学理论的结构 . 吴曲辉，等，译 . 杭州：浙江人民出版社，1987.

[3] 王树新 . 老年社会工作 [M]. 北京：中国劳动社会保障出版社，2007.

[4] 仝利民. 老年社会工作 [M]. 上海：华东理工大学出版社，2006.

[5] 范明林，周文，吴军. 老年社会工作案例分析 [M]. 上海：华东理工大学出版社，2006.

[6] 许莉娅 . 个案工作 [M]. 北京：高等教育出版社，2004.

[7] 陆士桢，王玥 . 青少年社会工作 [M]. 北京：社会科学文献出版社，2010.

[8] 闫广芬 . 妇女社会工作 [M]. 天津：天津大学出版社，2010.

[9] 马洪路 . 残疾人社会工作 [M]. 北京：中国社会出版社，2010.

[10] 范明林，马丹丹 . 老化与挑战：老年社会工作案例研究 [M]. 上海：华东理工大学出版社，2018.

[11] 杨善华，谢立中 . 西方社会学理论 [M]. 北京：北京大学出版社，2005.

[12] 侯钧生 . 西方社会学理论教程 [M]. 天津：南开大学出版社，2006.

[13] 吕新萍，等 . 小组工作 [M]. 2 版 . 北京：中国人民大学出版社，2013.

附录一　儿童社会工作服务指南

《儿童社会工作服务指南》为对儿童社会工作服务的原则、服务范围、服务类别、服务流程、服务技巧、督导、服务管理、人员要求等提供了基本遵循。

1. 范围

本标准规定了儿童社会工作服务原则、服务的范围和类别、服务流程、服务技巧、督导、服务管理和人员要求等。

本标准适用于为有需要的儿童提供的社会工作服务。

2. 规范性引用文件

下列文件对于本文件的应用是必不可少的。凡是注日期的引用文件，仅注日期的版本适用于本文件。

凡是不注日期的引用文件，其最新版本（包括所有的修改单）适用于本文件。

GB/T28224-2011 流浪未成年人救助保护机构服务

MZ010-2013 儿童福利机构基本规范

社会工作者继续教育办法

社会工作者职业道德指引

3. 术语和定义

3.1　儿童需要

儿童身心健康成长和发展所需的条件、机会和资源的总和。

3.2　儿童社会工作

社会工作者根据儿童的生理、心理特点和成长、发展的需要，以专业的价值观为指导和科学的理论为基础，运用社会工作的专业方法和技巧对儿童开展的服务。

3.3　儿童服务机构

从事儿童照顾、保护、发展（主要指生理、心理及社会发展）等服务的组织。

4. 服务原则

4.1　优先原则

社会工作者在政策规划、服务计划制订、资源配置和服务提供等方面，应优先考虑儿童的利益和需要。

4.2　利益最大原则

社会工作者应以儿童为中心，从儿童身心发展特点和利益出发提供专业服务，最大限度保障儿童权益。

4.3　伤害最小原则

社会工作者在工作中如果无法避免造成伤害，尽量选择对儿童造成最小伤害的方案，或者是最容易从伤害恢复的方案。

4.4　平等参与原则

社会工作者应创造公平的环境，确保儿童不因民族、种族、性别、家庭出身、宗教信仰、教育程度、财产状况、居住期限受到任何歧视，保障所有儿童享有平等的权利与机会。

社会工作者应鼓励和支持儿童参与同自身利益相关的服务活动，尊重其在权利和能力范围之内的自我决定和行动。

4.5　生态系统原则

社会工作者应重视家庭的作用，运用生态系统的观点，从儿童自身及其与家庭、朋辈群体、社区、学校、服务机构等的互动关系中分析儿童问题，识别所需资源，提供专业服务，促进儿童发展。

5. 服务的主要类型

5.1　支持性服务

重视环境自身的力量，通过环境培育的方法，提高儿童所处环境的功能，强化照料者的能力，促进儿童健康成长。例如为家庭教育提供心理咨询和抚育帮助，增进父母的亲职功能服务。

5.2　保护性服务

通过外部监督、干预性服务等方式，防止儿童被虐待、忽视和剥削。如儿童保护热线、儿童防性侵服务，为受伤害的儿童提供的庇护和心理干预，为离婚家庭儿童提供心理疏导等。

5.3　补充性服务

通过专业介入，适当增强儿童所处环境中的某些薄弱或缺失环节，弥补家庭对儿童照顾功能的不足。例如帮助儿童家庭申请相关的社会救助，包括现金救助、日用品的补助和托育服务等。

5.4　替代性服务

当家庭照顾功能缺失时，针对儿童的实际需要，将儿童安排到适当的居住场所，提供一部分或全部替代家庭照顾功能的服务。例如家庭寄养、收养、儿童福利院和未成年人救助保护中心对儿童的安置服务等。

6. 服务流程

6.1　接案

6.1.1　社会工作者在接案过程中应完成下列主要工作：

——介绍服务宗旨、服务政策、服务项目等；

——初步收集与儿童有关的信息；

——初步探索儿童的问题和需要；

——与儿童、儿童监护人或主要照料人建立专业关系；

——填写《接案登记表》。

6.1.2 社会工作者在接案过程中应注意：

——与儿童沟通时应注重以儿童的视角看问题；

——与儿童监护人或主要照料人进行沟通，协同解决儿童的问题；

——从家庭、学校、朋辈群体和社区等多方面入手收集资料。

6.2 预估

6.2.1 社会工作者在预估过程中应完成下列工作：

——发现和识别儿童问题的成因；

——识别儿童及其所处环境中的积极因素和消极因素；

——决定为儿童提供服务的方式和内容；

——填写《儿童预估表》。

6.2.2 社会工作者在预估过程中应注意：

——坚持动态和持续性的原则，对儿童的问题逐渐深入认识；

——对儿童面临的问题按照轻重缓急排序，找出急需解决的问题；

——关注儿童、家长及其他相关人员的参与，为他们提供表达意见的机会，充分尊重他们的意愿和态度。

6.3 计划

6.3.1 儿童服务计划包括以下主要内容：

——儿童的问题与需要，儿童及其所处环境的资源、优势；

——服务计划的短期、中期和长期目标；

——介入措施、行动步骤及进度安排；

——社会工作者、儿童和家庭或其他照顾者各自的任务；

——评估参与者和评估方式方法；

——填写《儿童服务计划表》。

6.3.2 社会工作者在制订服务计划时应注意：

——在制订服务计划时应有儿童的参与，尊重儿童的意愿；

——服务计划应尽量详细和具体；

——服务计划应与儿童服务的宗旨、目标相符合；

——服务计划应易于总结和评估。

6.4 介入

6.4.1 介入任务

6.4.1.1 直接介入的主要任务有：

——促使儿童、家长及相关人员学会运用现有的资源；

——对儿童与环境产生的冲突进行调解；

——运用各种能够影响儿童改变的力量帮助儿童实现积极的改变；

——填写《儿童服务面谈记录表》。

6.4.1.2 间接介入的主要任务有：

——注意发掘和运用儿童所在社区的资源；

——协调和链接各种儿童服务的资源与系统；

——改变儿童所处的环境；
——促进儿童政策的改变；
——填写《儿童社会工作者可利用的资源列表》。
6.4.2　社会工作者在介入过程中应注意：
——坚持以儿童为本的原则；
——考虑儿童的发展阶段和年龄特征；
——与儿童共同参与介入行动；
——介入行动与服务目标一致。
6.5　评估
6.5.1　社会工作者在评估过程中应完成下列主要工作：
——根据服务内容选择适宜的评估方法（常用评估方法包括：基线测量法、任务完成情况测量法、目标实现程度测量法和介入影响测量法）；
——收集和分析相关资料；
——撰写评估结果；
——填写《儿童服务评估表》。
6.5.2　社会工作者进行评估时应注意：
——儿童有哪些变化；
——服务过程中所运用的理论与技巧是否恰当和有效；
——明确要做哪些跟进工作。
6.6　结案
6.6.1　社会工作者在结案阶段应完成下列主要工作：
——巩固儿童及其所处环境已有的改变；
——增强儿童独立解决问题的能力和信心；
——解除工作关系，妥善处理分离情绪；
——填写《儿童服务结案表》。
6.6.2　社会工作者在结案时应注意：
——与儿童回顾服务的过程，以确定结案时机是否成熟；
——提前告知儿童结案的时间，让儿童有心理准备，帮助儿童处理好离别情绪；
——提醒儿童学会自立，告诉儿童在需要时将继续提供帮助；
——让儿童理解自己的收获，正向表达感受。
7. 服务方法
7.1　直接服务方法
7.1.1　社会工作者以面对面的方式给儿童及其家庭提供个案服务和咨询。
7.1.2　社会工作者以小组工作的方式给儿童及其家庭提供服务，包括支持性小组、治疗性小组、自助小组和任务小组等。
7.1.3　运用个案管理的方法评估儿童的需求、关注儿童与环境间的互动、安排协调儿童所需要的资源和服务。
7.2　间接服务方法

7.2.1　社会工作者通过整合现有的家庭、社区、学校和其他部门的资源，为儿童及其家庭提供服务。

7.2.2　社会工作者通过动员、拓展的方式，为儿童争取新的正式及非正式资源。

7.2.3　社会工作者收集和系统分析与儿童和其环境相关的信息，了解立法和制度的决策过程，反映儿童的诉求，进行政策倡导。

8. 督导

8.1　督导对象

督导对象包括：

——新进入社会服务机构的儿童社会工作者；

——服务年限较短、经验不足的儿童社会工作者；

——在儿童社会服务机构实习的学生；

——儿童社会服务机构的志愿者。

8.2　督导内容

社会工作督导包括为社会工作者提供的行政、教育和支持性督导，应开展下列主要工作：

——参与服务质量评估，对有关项目进行审核，调整服务方案，优化服务结构，增强服务效果；

——协调社会工作者与机构和有关部门之间的关系；

——及时对发现的问题和情况进行总结分析，并对机构专业服务决策与经验推广提出建议；

——协助机构设计、规划、监督所负责服务领域的工作程序，根据实际需要与合作机构和相关部门进行沟通协调，调整服务方案，优化服务结构；

——对工作程序、服务质量以及职业操守进行监督、总结，提出建议并及时反馈；

——监督服务提供者的工作表现及服务效率，提供业务指导；

——监督社会工作者的职业操守，给予情绪支持；

——评价专业教育培训的有效性。

9. 服务管理

9.1　服务质量管理

9.1.1　社会工作者应以儿童为中心，与儿童及其监护人或主要照料人共同制订服务目标与计划：

——应了解儿童及其监护人或主要照料人的需要，并向服务对象进行工作说明；

——应与儿童及其监护人或主要照料人统一服务期望，共同制定服务的具体目标和实施步骤；

——应建立符合目标实现要求的服务过程记录；

——应根据阶段性评估结果和儿童及其监护人或主要照料人的需要，及时进行服务计划调整。

9.1.2　应制定由社会工作者参与的服务质量规范，并确保其公开透明、具体可行：

——应确定服务质量目标。在服务场所、服务设施、服务用品、服务人员、服务等级、服务内容、服务程序和服务方法等方面制定具体质量目标；

——应将标准化服务质量控制与个性化服务质量目标相结合，对有特定要求的儿童及其监护人或主要照料人、服务项目或过程，需编制特定服务质量计划或特定管理程序。

9.1.3 应建立儿童社会工作服务质量评估机制，定期对服务数量、服务成效进行评估：

——儿童及其监护人或主要照料人对服务质量进行评价；

——对工作记录情况予以考核；

——主管部门或第三方开展定性或定量评估（包括数据对比、资料归纳、问卷调查和访谈等形式）；

——对工作成效进行定期自评与阶段性考核；

——定期进行专业督导。

9.1.4 应对服务质量评估信息进行反馈，以持续改进儿童社会工作服务质量：

——应提出保持并持续改进服务质量的建议；

——应对收到的反馈予以回应；

——应根据服务质量评估信息修正工作措施，完善服务制度，改进服务质量。

9.2 社会工作行政

9.2.1 制度建设

9.2.1.1 儿童服务机构应制定相应的社会工作服务规章制度并根据需要进行修订。

9.2.1.2 儿童服务机构研究与制定儿童服务规划、计划和方案时应有社会工作者参加。

9.2.2 岗位设置

儿童服务机构应设置儿童社会工作专职或兼职岗位，岗位设置应符合 GB/T 28224-2011 和 MZ010-2013 的具体规定。

9.2.3 档案管理

应加强儿童社会工作服务档案的管理，主要工作包括：

——建立基本服务档案，包括儿童的基本信息、服务提供者、服务场所、服务过程的记录及服务成效等；

——建立服务质量监控记录档案，包括考核情况、服务质量目标完成情况和服务计划调整情况等；

——根据儿童实际情况进行分类、分级管理档案，做好儿童信息的保密工作。

10. 人员要求

10.1 资格要求

10.1.1 儿童社会工作者

儿童社会工作者应获得社会工作者职业资格证书并按照《社会工作者继续教育办法》登记或具备社会工作专业专科及以上学历。

10.1.2 儿童社会工作督导者

儿童社会工作督导者应是在儿童服务领域从事社会工作服务满五年以上（含五年）并取得社会工作师资格、对社会工作价值伦理有认同度、拥有良好的社会工作专业知识、具有丰富的儿童工作实务经验和督导技巧的社会工作者。

10.2 伦理要求

10.2.1 应自觉遵循社会工作专业伦理。

10.2.2 应明确社会工作服务意识，遵守《社会工作者职业道德指引》，树立以儿童为中心的服务理念。

10.2.3 应尊重儿童，保护儿童隐私。

10.3 继续教育要求

应按照《社会工作者继续教育办法》，接受继续教育，不断提高职业素质和专业服务能力。

附录二　青少年社会工作服务指南

1. 范围

本标准规定了青少年社会工作服务的原则、内容、方法、流程和管理等。

本标准适用于以青少年为对象开展的社会工作服务。

2. 规范性引用文件

下列文件对于本文件的应用是必不可少的。凡是注日期的引用文件，仅注日期的版本适用于本文件。凡是不注日期的引用文件,其最新版本(包括所有的修改单)适用于本文件。

社会工作者职业道德指引（2012-12-28）　民政部

社会工作者继续教育办法（2009-09-07）　民政部

3. 术语和定义

下列术语和定义适用于本文件。

3.1　青少年

年龄范围为 6～35 周岁的人。

3.2　青少年需要

青少年健康成长和发展所需的条件、机会和资源的总和。

3.3　青少年社会工作服务

以青少年为对象，整合运用社会工作专业价值、理论、方法和技巧，协助其提升解决问题的能力，恢复、改善及提高其社会功能，促进其健康成长和全面发展的社会服务活动。

3.4　青少年社会工作服务机构

以青少年社会工作服务为主要业务内容的组织。

4. 原则

4.1　主体性原则

尊重青少年主体地位，承认与接纳青少年的独特性与差异性，充分照顾青少年的特点和需要，开展有针对性的服务。

4.2　发展性原则

坚持用发展的眼光看待和理解青少年，强调青少年自身蕴含的发展潜力和成长的内在动力，重视经济社会发展对青少年福利的影响。

4.3　整体性原则

重视青少年与其家庭、学校、社区、朋辈及服务机构等因素的相互作用，全面系统地识别青少年的需要，提供整合性社会工作服务。

5. 内容

5.1 思想引导

主要包括但不限于以下内容：

——开展理想信念教育；

——开展同情政策教育和党史国史改革开放史教育；

——开展中华优秀传统文化、革命文化、社会主义先进文化教育；

——开展社会主义核心价值观教育。

5.2 身心健康促进

主要包括但不限于以下内容：

——开展青少年文化体育兴趣和爱好的培养活动、青少年文体交流活动；

——为青少年提供社会实践教育和学业支持服务；

——引导青少年珍惜生命，尊重生命，帮助青少年学习保护生命的方法；

——帮助青少年掌握应对风险的方法，引导青少年对风险形成正向认识；

——帮助青少年了解青春期相关生理和心理知识，积极应对心理困惑，增强解决问题的信心和能力；

——帮助青少年自我认识，并实现自我肯定；

——帮助青少年形成健康的人格，践行健康的生活方式。

5.3 婚恋交友支持

主要包括但不限于以下内容：

——帮助青少年树立文明、健康、理性的婚恋现，提供婚恋教育和指导，开展婚恋交友服务；

——帮助青少年树立正确的家庭观，传承优良家风家教；

——开展性健康和优生优育宣传教育服务；

——协助青少年建立良好人际关系。

5.4 就业创业支持

主要包括但不限于以下内容：

——开展就业创业政策宣传服务；

——协助链接就业创业资源；

——帮助提升就业创业能力；

——协助提升职业技能；

——开展就业创业指导及职业生涯规划服务。

5.5 社会融入与参与支持

主要包括但不限于以下内容：

——协助青少年建立良性社会支持系统；

——提升青少年社会融入和社会参与的能力，帮助青少年积极有序地参与政治生活和公共事务；

——营造青少年社会融入的良好环境；

——提升青少年参与社会公益和志愿服务的意识与能力。

5.6 社会保障支持

主要包括但不限于以下内容：

——开展残疾青少年关爱和扶持保障服务；

——开展流浪未成年人社会救助服务；

——开展进城务工青年与其未成年子女帮扶服务；

——开展农村留守儿童关爱和救助服务；

——协助解释办理城乡居民医保。

5.7 合法权益维护

主要包括但不限于以下内容：

——开展青少年权益保护相关政策法规宣传教育服务；

——拓展青少年权益表达渠道，支持普遍性利益诉求表达和反馈；

——开展侵害青少年合法权益行为预防和干预服务；

——协助青少年提升自我保护能力；

——倡导营造家庭、校园和社区的安全环境。

5.8 违法犯罪预防

主要包括但不限于以下内容：

——开展法制宣传教育；

——协助开展青少年社会文化环境、校园内外环境、网络环境优化和整治服务；

——开展重点青少年群体服务管理工作；

——提供青少年司法社会工作服务。

5.9 其他

主要包括但不限于以下内容：

——开展青少年服务的政策倡导及咨询研究；

——开展青少年社会工作专业人才培训、督导及青少年社会工作服务机构发展培育；

——开展受委托的其他青少年社会工作服务。

6. 方法

6.1 基本方法

根据青少年需要，综合运用个案工作、小组工作、社区工作等社会工作直接方法和社会工作行政、社会政策和社会工作研究等间接方法。

6.2 针对特定需要的介入方法

6.2.1 危机介入

通过多专业合作方式协调资源，以中途之家、类家庭、收寄养等方式为不适合家庭居住的青少年提供安置服务，进行综合援助。

主要针对可能危及青少年自身和他人生命安全的问题而实施的紧急干预策略。

6.2.2 家庭治疗

以家庭为介入单位，探索青少年问题背后的家庭结构和互动关系，促进家庭内在系统的改变，优化青少年成长的家庭环境。

主要适用于改善并重建青少年和家庭成员之间的关系，实现家庭成员的良性互动。

6.2.3 外展服务

深入青少年经常出入的场所主动与青少年接触并发现其问题和需要；及时联系有关部门共同对处于风险状态的青少年进行保护、辅导和安置。

主要针对很少参与主流的青少年活动并容易受不良影响的青少年，走出去开展的服务。

6.2.4 历奇辅导

有目的地把青少年带离安适区，进入低冒险区，通过体验性活动经历新奇，促进青少年自我探索、自我觉察与自我成长。

主要适用于帮助青少年提高自信、提升自尊、培养团队合作精神。

6.2.5 朋辈辅导

通过发现、培训和搭建平台，组织年龄相仿、生活环境和经历、文化相似，或具有共同语言的青少年交流互动、分享经验、唤起共鸣、持续支持和互助成长。

主要适用于帮助青少年改善朋辈关系、建立朋辈支持。

6.2.6 向导服务

由受过训练的成年志愿者或同龄志愿者，在社会工作者的督导下，向青少年提供“一对一”的长期陪伴，通过关爱且富有支持的积极人际关系来促进青少年的健康成长与发展。

主要适用于引导青少年树立正向的价值观和养成健康积极的行为习惯。

7. 流程

7.1 接触预估

在接触预估过程中应完成的主要工作包括但不限于：

——与服务对象建立专业关系；

——预估青少年个人的生理、心理、社会发展状况；

——预估青少年的成长经验和生命历程；

——预估青少年的家庭、学校、工作场所和所在社区的情况；

——预估青少年的问题和需要；

——预估青少年及环境的资源和优势；

——预估是否在业务范围和能力范围内，决定是否提供服务或转介。

7.2 服务设计

在服务设计过程中应完成的主要工作包括但不限于：

——确定服务主题；

——明确服务理念和理论依据；

——确定服务目的和目标；

——识别服务对象系统、目标系统及行动系统；

——选择介入策略；

——签订服务协议；

——配置资源；

——预估服务风险，设计应对方案；

——明确评估指标，选择评估方法。

7.3 服务实施

在服务实施过程中应完成的主要工作包括但不限于：

——分解服务任务；

——明确人员分工；

——控制服务进度；

——优化服务内容；

——应对服务风险。

7.4 成效评估

共青团组织负责青少年社会工作服务成效评估制度建设和业务指导，在成效评估过程中应完成的主要工作包括但不限于：

——自我评估和接受第三方评估，第三方评估由具备条件的专业机构在共青团组织指导下开展；

——测量目标达成情况；

——评估服务满意度；

——评估服务对象及环境系统的改变；

——服务的结束及跟进。

8. 管理

8.1 制度建设

青少年社会工作服务机构应制定相关规章，包括但不限于：

——青少年社会工作项目管理规定；

——青少年社会工作督导管理规定；

——青少年社会工作档案管理规定。

8.2 质量管理

青少年社会工作服务机构应对本机构内的服务进行质量管理，主要任务包括但不限于：

——建立社会工作服务质量管理体系；

——建立外部监督和内部监督相结合的服务质量监督与评估机制；

——对相关社会工作服务情况进行信息公开，确保青少年知情权；

——根据服务质量评估情况改进服务，完善制度。

8.3 督导制度

青少年社会工作服务机构应建立社会工作督导制度，开展督导工作，主要工作包括但不限于：

——建立社会工作督导制度，明确督导关系；

——定期为督导对象提供督导服务。

8.4 档案管理

青少年社会工作服务机构应加强服务档案管理，主要工作包括但不限于：

——建立基本服务档案，包括青少年的基本信息、服务提供者、服务场所、服务过程及服务成效等；

——建立服务质量监督与评估档案，包括是否符合基本服务要求、目标完成情况、服务评估情况等；

——根据青少年实际情况进行分类、分级管理档案，做好信息的保密工作。

8.5　人员要求

开展青少年社会工作服务的社会工作者应：

——获得国家颁发的社会工作者职业水平证书或者具备国家承认的社会工作专业大学专科及以上学历；

——遵循社会工作专业伦理，遵守《社会工作者职业道德指引》；

——按照《社会工作者继续教育办法》，接受继续教育，不断提高职业素质和专业服务能力。

附录三　老年社会工作服务指南

1. 范围

本标准规定了老年社会工作的术语和定义、服务宗旨、服务内容、服务方法、服务流程、服务管理、人员要求和服务保障等。

本标准适用于社会工作者面向有需要的老年人及其家庭开展的社会工作服务。

2. 规范性引用文件

下列文件对于本文件的应用是必不可少的。凡是注日期的引用文件，仅所注日期的版本适用于本文件。凡是不注日期的引用文件，其最新版本（包括所有的修改单）适用于本文件。

3. 术语和定义

下列术语和定义适用于本文件。

3.1　老年社会工作服务

以老年人及其家庭为对象，旨在维持和改善老年人的社会功能、提高老年人生活和生命质量的社会工作服务。

3.2　老年社会工作者

从事老年社会工作服务且具有资质的社会工作人员。

3.3　适老化环境改造

针对老年人的身体机能及特点，设计和改造适合老年人生活的住宅、公共设施和社区环境等活动。

3.4　老年临终关怀

为满足临终老年人及其家属的生理、心理、人际关系及信念等方面的需要，开展的医疗、护理、心理支持、哀伤辅导、法律咨询等服务。

4. 服务宗旨

4.1　老年社会工作服务应致力于实现老有所养、老有所医、老有所为、老有所学、老有所乐。

4.2　老年社会工作服务应遵循独立、参与、照顾、自我实现、尊严的原则，促进老年人角色转换和社会适应，增强其社会支持网络，提升其晚年的生活和生命质量。

5. 服务内容

老年社会工作服务的内容主要包括救助服务、照顾安排、适老化环境改造、家庭辅导、精神慰藉、危机干预、社会支持网络建设、社区参与、老年教育、咨询服务、权益保障、政策倡导、老年临终关怀等。

5.1　救助服务

主要包括以下内容：

——评估老年人，特别是空巢、高龄、失能、计划生育特殊家庭老年人基本物质生活条件和经济状况；

——协助符合条件的老年人申请政府最低生活保障、特困人员供养、受灾人员救助、医疗救助、住房救助、临时救助等社会救助；

——协助有需要的老年人获得单位和个人等社会力量的捐赠、帮扶和志愿服务；

——提供相应的心理疏导、能力提升、社会融入等服务。

5.2　照顾安排

主要包括以下内容：

——组织开展老年人能力评估，包括日常生活活动、精神状态、感知与沟通、社会参与等方面内容，为老年人建立照顾档案；

——协助有需要的老年人获得居家照顾和社区日间照料等服务；

——协助有需要的老年人申请机构养老服务；

——协调老年人的长期照护安排，特别是居家照顾、社区日间照料和机构照顾之间的衔接；

——协助照顾者提升照顾技能。

5.3　适老化环境改造

主要包括以下内容：

——协调开展老年人居住环境安全评估；

——帮助老年人，特别是失能、失智等有需要的老年人及家庭申请政府与社会资助，改造室内照明、防滑措施、安装浴室扶手等，减少老年人跌倒等意外风险。

5.4　家庭辅导

主要包括以下内容：

——协助老年人处理与配偶的关系；

——协助老年人处理与子女等的家庭内代际关系；

——提供老年人婚恋咨询和辅导。

5.5　精神慰藉

主要包括以下内容：

——识别老年人的认知和情绪问题，必要时协调专业人士进行认知和情绪问题的评估或诊断；

——为有需要的老年人提供心理辅导、情绪疏解、认知调节，帮助老年人摆脱抑郁、焦虑、孤独感等心理问题困扰；

——协助老年人获得家属及亲友的尊重、关怀和理解；

——帮助老年人适应角色转变，重新界定老年生活价值，认识人生意义，激发生活的信心和希望。

5.6　危机干预

主要包括以下内容：

——识别并评估老年人所面临的危机，包括危机的来源、危害程度、老年人应对危机的能力、以往应对方式及效果等；

——统筹制订危机干预计划，包括需要干预的问题或行为、可采用的策略、可获得的社会支持、危机介入小组的建立及分工、应急演练、信息沟通等；

——及时处理最迫切的问题，特别是自杀、伤及他人等可能危及生命安全的行为问题。必要时，协调其他专业力量的支援，对老年人进行身体约束或其他限制行为；

——进行危机干预的善后工作，包括对介入对象的回访、开展危机介入工作评估和小结、完善应急预案以预防同类危机的再发生等。

5.7　社会支持网络建设

主要包括以下内容：

——对老年人的社会支持网络进行评估，包括个人层面可给予支持的人数、类型、距离及所发挥的功能，以及社区层面老年人群的问题与需求、资源配置情况及需求满足情况；

——综合使用各种策略以强化老年人社会支持网络，包括个人增能与自助、家庭照顾者支持、邻里互助、志愿者链接、增强社区权能等；

——巩固社会支持网络成效，建立长效机制。

5.8　社区参与

主要包括以下内容：

——开展适合老年人的文化、体育、娱乐等各项活动，培养老年人兴趣团体，提升老年人的社会活跃度，丰富老年人的社会生活；

——组织老年人积极参与各项志愿服务，培育老年志愿者队伍，发展老年志愿服务团体；

——支持老年人参与社区协商，为社区发展出谋划策；

——拓展老年人沟通和社区参与的渠道，促进老年人群体的社会融合。

5.9　老年教育

主要包括以下内容：

——评估老年人兴趣爱好及教育需求；

——推动建立老年大学、老年学习社等多种类型的老年人学习机构和平台；

——开展有关健康教育、文化传统、安全防范、新兴媒介使用等方面的学习培训课程；

——鼓励和支持老年人组建各种学习交流组织，开展各种学习研讨活动，扩大老年人的社会交往范围；

——鼓励老年人将学习成果转化运用和传承，鼓励代际之间相互学习、增进理解。

5.10　咨询服务

主要包括以下内容：

——协调相关专业人士为老年人提供政策咨询、法律咨询、健康咨询、消费咨询等服务；

——完善老年人信息提供和问询解答的机制和流程。

5.11　权益保障

主要包括以下内容：

——维护和保障老年人财产处置和婚姻自由的权益；

——发现并及时举报老年人受虐待、遗弃、疏于照顾等权益损害事项；

——开展社会宣传和公众教育，防止老年人受到歧视、侮辱和其他不公平、不合理对待；

——协助符合条件的老年人享受社区和机构的各项养老服务，获得老年人补贴和高龄津贴等。

5.12　政策倡导

主要包括以下内容：

——研究、分析与老年人相关的法律法规及社会政策中在制定和执行中的不完善与不合理内容，向相关职能部门提出政策完善建议；

——对社会公众进行教育、宣传，树立对老年人群体的客观、公正的社会评价。

5.13　老年临终关怀

主要包括以下内容：

——开展生命教育，帮助老年人树立理性的生死观；

——协调医护人员做好临终期老年人的生活照料和痛症管理；

——密切关注老年人的情绪变化，提供相应的心理支持；

——协助老年人完成未了心愿及订立遗嘱、器官捐献等法律事务；

——协助老年人及家属、亲友和解和告别等事宜；

——协调为老年人提供精神层面的支持；

——为有需要的老年人及家属提供哀伤辅导服务。

6. 服务方法

6.1　基础方法

老年社会工作者可以根据实际情况综合运用个案工作、小组工作、社区工作等社会工作直接服务方法及社会工作行政、社会工作研究等间接服务方法。

6.2　针对特定需要的介入方法

6.2.1　缅怀治疗

6.2.1.1　老年社会工作者协助老年人缅怀过去，找回以往的正面事件和感受，从正面的角度去理解和面对过去的失败与困扰，从而肯定自己，适应现在的生活状况。

6.2.1.2　主要适用于帮助老年人缓解抑郁、轻度失智等问题。

6.2.2　人生回顾

6.2.2.1　老年社会工作者引导老年人通过生命重温，帮助老年人处理在早期生活中还没有妥善处理的问题，从而解决长期的心结。

6.2.2.2　主要适用于帮助老年人处理长期的情绪问题。

6.2.3　现实辨识

6.2.3.1　老年社会工作者通过向老年人提供持续的刺激和适当的环境提示，帮助他们与现实环境接轨。

6.2.3.2　主要适用于预防和缓解老年人认知混乱、记忆力衰退。

6.2.4　动机激发

6.2.4.1　老年社会工作者通过协助老年人接触他人、参加群体活动，激发老年人对现在和未来生活的兴趣。

6.2.4.2　主要适用于预防、缓解老年人社交能力受损、负面情绪等。

6.2.5　园艺治疗

6.2.5.1　老年社会工作者组织和协助老年人参与园艺活动，接触自然，舒缓压力，复健心灵。

6.2.5.2　主要适用于预防和缓解老年人身体和精神的衰老。

6.2.6　照顾管理

6.2.6.1　老年社会工作者综合评估老年人的需求，并计划、统筹、监督、再评估和改进服务，实现对老年人持续、全面的照顾。

6.2.6.2　主要适用于需要长期照护的老年人，以及具有多重问题和复杂需求的老年人。

7. 服务流程

7.1　接案

老年社会工作者在接案过程中应完成下列工作，包括但不限于：

——收集老年人资料；

——了解老年人的问题和需要，决定是否需要紧急介入；

——评估老年人的问题解决是否在老年社会工作者的能力范围和机构能力范围内，必要时予以转介；

——与老年人或主要照顾者建立专业关系。

7.2　预估

老年社会工作者在预估过程中应完成下列工作，包括但不限于：

——优先评估老年人面临的风险，如健康、受虐、抑郁、自杀等；

——根据实际情况，协调进行跨专业、综合性评估，包括老年人的问题、需求和资源状况等；

——与老年人共同决定解决问题的优先次序。

7.3　计划

老年社会工作者在计划过程中应完成下列工作，包括但不限于：

——邀请老年人及其家庭参与服务计划制订；

——设定服务计划的目的和目标；

——目标的制定应符合具体、可衡量、可达成、可评估、有时限的 SMART 原则；

——制定介入策略、行动步骤及进度安排；

——拟定预期存在的困难、风险及其应对策略和预案；

——明确社会工作者、老年人和照顾者各自的任务和角色；

——制订过程评估和成效评估计划及指标；

——拟定服务所需的人力、经费、设备设施等资源保障。

7.4　介入

老年社会工作者在介入过程中应完成下列工作，包括但不限于：

——促使老年人、家庭及相关人员学会运用现有资源；

——对老年人与环境产生的冲突进行调解；
——运用各种能够影响老年人改变的力量帮助老年人实现积极的改变；
——采用优势视角，鼓励和协助老年人发挥潜能：
——注意发掘和运用老年人所在社区或机构的资源；
——协调和链接各种老年人服务的资源和系统；
——促进老年人所处的环境的改善；
——促进老年人政策的改善。

7.5　评估

老年社会工作者在评估过程中要完成下列工作，包括但不限于：
——根据服务计划中制订的过程评估和成效评估计划开展评估；
——采取多种方式收集和分析与服务相关的资料，包括客观资料、主观感受与评价等；
——撰写评估报告。

7.6　结案

老年社会工作者在结案过程中应完成下列工作，包括但不限于：
——根据服务效果和具体情况确定能否结案；
——巩固老年人及所处环境已有的改变；
——增强老年人独立解决问题的能力和信心；
——避免或妥善处理因结案产生的负面情绪；
——结案后提供跟进服务。

8. 服务管理

8.1　质量管理

8.1.1　质量管理体系的建立

服务机构应建立老年社会工作服务质量管理体系，主要包括以下内容：
——老年社会工作服务质量方针；
——老年社会工作服务质量目标；
——老年社会工作服务职责和权限。

8.1.2　服务质量过程控制

8.1.2.1　老年社会工作服务过程应严格按照老年社会工作服务流程和质量手册开展服务。

8.1.2.2　老年社会工作者应识别、分析对服务质量有重要影响的关键过程，并加以控制。

8.1.2.3　及时、准确、系统记录服务情况。

8.1.3　服务成效评估

老年社会工作服务成效评估工作按 MZ/T 059—2014 规定执行。

8.2　督导制度

服务机构应建立督导制度，主要内容包括：
——明确督导者的资格、督导对象；
——督导者的职责和权利；

——督导工作内容、流程；

——督导过程记录；

——督导工作评估。

8.3　风险管理

8.3.1　风险管理制度

服务机构应建立健全老年社会工作服务风险管理制度，主要包括以下方面内容：

——识别风险，确定何种风险可能会对老年社会工作服务产生影响，量化不确定性的程度和每个风险可能造成损失的程度；

——控制风险，制订切实可行的风险预案和应急方案，编制多个备选的方案，并明确风险管理的基本流程，对服务机构和社会工作者所面临的风险做好充分的准备；

——规避风险，在既定目标不变的情况下，改变方案的实施路径，消除特定的风险因素。

8.3.2　风险预案

老年社会工作者应在服务策划时一并制定风险预案，对应急指挥体系与职责、人员、技术、装备、设施设备、物资、处置方法及其指挥与协调等预先做出具体安排。

8.3.3　应急处置

老年社会工作者应根据风险的类型及影响程度，采取以下处置策略：

——回避风险：对不可控制的风险应采取回避措施，避免不必要的风险，所有的服务活动要在国家有关的法律、法规允许的范围内进行；

——减少风险：对于无法简单回避的风险，设法减少风险。应建立风险预警机制和风险控制体系，及时与服务各方沟通，获取支持、配合和理解；

——转移风险：把部分风险分散出去，可购买老年人意外保险及公共责任险；

——接受风险：在力所能及的范围内从事服务，承担风险。

8.4　投诉与争议处置

8.4.1　服务机构应建立服务投诉与争议处置制度。

8.4.2　服务机构应建立畅通的渠道，收集与服务质量相关的投诉和改进建议。

8.4.3　服务机构和老年社会工作者对收到的投诉和建议应及时予以回应和反馈。

8.4.4　服务机构和老年社会工作者根据意见和建议，采取有效措施，改进服务工作，提高服务质量。

9. 人员要求

9.1　老年社会工作者

9.1.1　老年社会工作者应具备以下资质之一：

——获得国家颁发的社会工作者职业水平证书；

——具备国家承认的社会工作专业专科及以上学历。

9.1.2　老年社会工作者在开展具体工作中，应遵守以下要求：

——掌握涉及老年人有关的法律、法规、政策；

——具备开展老年社会工作服务所需的老年学等方面的基本知识；

——接受社会工作专业继续教育，不断提高职业素质和专业服务能力；

——推动多学科合作，与其他专业人士相互尊重、共享信息并有效沟通。

9.1.3 老年社会工作者的配备应符合下列要求：

——养老机构、城乡社区应根据服务对象的数量、自理能力的高低、服务的类型、服务的复杂性等因素进行人员配备；

——城镇养老机构每 200 名老年人应配备一名老年社会工作者，农村养老机构可参考上述标准配备；

——城市社区中每 1 000 名老年人应配备一名以上的老年社会工作者，不满 1 000 人的可多个社区配备一名老年社会工作者，农村社区可参考上述标准配备。

9.2 为老服务志愿者

9.2.1 应建立志愿者服务管理制度，做好志愿者的登记、培训、记录、激励、评价等工作。

9.2.2 建立社会工作者和志愿者联动机制，根据服务需要招募符合资质的志愿者，协助社会工作者开展老年社会工作服务。

10. 服务保障

10.1 设施设备

10.1.1 开展社会工作服务应具有必要的个案工作室、小组工作室、多功能活动室等。

10.1.2 在养老机构中开展的社会工作服务其环境与设施设备要求应符合 GB/T 29353-2012 中 7.1 和 7.2 的规定。

10.2 信息化建设

10.2.1 服务机构应将老年社会工作服务相关信息纳入信息化系统建设或规划；

10.2.2 运用信息技术，对老年人、志愿者及社会工作服务过程中所产生的信息进行系统化的管理；

10.2.3 应建立老年社会工作服务数据库，定期开展服务数据统计分析，并用于服务成效评价及社会工作研究与相关决策；

10.2.4 应做好老年社会工作服务信息保密工作，维护老年人合法权益。

10.3 服务档案管理

10.3.1 应建立老年社会工作服务档案管理制度，包括档案的归档范围及要求、档案移交、档案储存及保管、档案的借阅、档案销毁、档案保密等内容。

10.3.2 应建立符合档案管理要求的服务档案管理室，并指定专人负责服务档案管理工作。

10.3.3 应对老年社会工作服务过程的资料进行及时归档，主要包括：

——老年人基本信息档案，包括老年人的基本信息、服务受理和评估记录、服务资质证明等；

——服务过程的记录，包括个案、小组、社区服务等相关服务记录；

——服务质量监控记录，包括考核情况、服务质量目标完成情况和服务计划调整情况等；

——服务转介和跟踪记录，包括服务转介情况及跟踪回访情况记录。

附录四　老年人社会福利机构基本规范

1. 总则

1.1　为加强老年人社会福利机构规范化管理，维护老年人权益，促进老年人社会福利事业健康发展，制定本规范。

1.2　本规范适用于各类、各种所有制形式的为老年人提供养护、康复、托管等服务的社会福利服务机构。

1.3　老年人社会福利机构的宗旨是：以科学的知识和技能维护老年人基本权益，帮助老年人适应社会，促进老年人自身发展。

1.4　本规范所列各种条款均为最低要求。

1.5　老年人社会福利机构除应符合本规范外，尚应符合国家现行相关强制性标准的规定。

2. 术语

2.1　老年人

60 周岁及以上的人口。

2.2　自理老人

日常生活行为完全自理，不依赖他人护理的老年人。

2.3　介助老人

日常生活行为依赖扶手、拐杖、轮椅和升降等设施帮助的老年人。

2.4　介护老人

日常生活行为依赖他人护理的老年人。

2.5　老年社会福利院

由国家出资举办、管理的综合接待“三无”老人、自理老人、介助老人、介护老人安度晚年而设置的社会养老服务机构，设有生活起居、文化娱乐、康复训练、医疗保健等多项服务设施。

2.6　养老院或老人院

专为接待自理老人或综合接待自理老人、介助老人、介护老人安度晚年而设置的社会养老服务机构，设有生活起居、文化娱乐、康复训练、医疗保健等多项服务设施。

2.7　老年公寓

专供老年人集中居住，符合老年体能心态特征的公寓式老年住宅，具备餐饮、清洁卫生、文化娱乐、医疗保健等多项服务设施。

2.8　护老院

专为接待介助老人安度晚年而设置的社会养老服务机构，设有生活起居、文化娱乐、康复训练、医疗保健等多项服务设施。

2.9　护养院

专为接待介护老人安度晚年而设置的社会养老服务机构，设有起居生活、文化娱乐、康复训练、医疗保健等多项服务设施。

2.10　敬老院

在农村乡（镇）、村设置的供养“三无”（无法定扶养义务人，或者虽有法定抚养义务人，但是抚养义务人无扶养能力的；无劳动能力的；无生活来源的）“五保”（吃、穿、住、医、葬）老人和接待社会上的老年人安度晚年的社会养老服务机构，设有生活起居、文化娱乐、康复训练、医疗保健等多项服务设施。

2.11　托老所

为短期接待老年人托管服务的社区养老服务场所，设有生活起居、文化娱乐、康复训练、医疗保健等多项服务设施，分为日托、全托、临时托等。

2.12　老年人服务中心

为老年人提供各种综合性服务的社区服务场所，设有文化娱乐、康复训练、医疗保健等多项或单项服务设施和上门服务项目。

3. 服务

3.1　膳食

3.1.1　有主管部门颁发了卫生许可证的专门为老人服务的食堂，配备厨师和炊事员。

3.1.2　厨师和炊事员持证上岗，严格执行食品卫生法规，严防食物中毒。

3.1.3　注意营养、合理配餐，每周有食谱，根据老人的需要或医嘱制作普食、软食、流食及其他特殊饮食。

3.1.4　为有需要的自理老人、介助老人和所有介护老人送饭到居室，根据需要喂水喂饭。清洗消毒餐具。

3.1.5　每月召开 1 次膳食管理委员会，征求智力正常老人及其他老人家属的意见，满意率达到 80%以上。

3.1.6　照顾不同老年人的饮食习惯，尊重少数民族的饮食习俗。

3.2　护理

3.2.1　自理老人

3.2.1.1　每天清扫房间 1 次，室内应无蝇、无蚊、无鼠、无蟑螂、无臭虫。

3.2.1.2　提供干净、得体的服装并定期换洗，冬、春、秋季每周 1 次，夏季经常换洗。保持室内空气新鲜，无异味。

3.2.1.3　协助老人整理床铺。

3.2.1.4　每周换洗一次被罩、床单、枕巾（必要时随时换洗）。

3.2.1.5　夏季每周洗澡 2 次，其他季节每周 1 次。

3.2.1.6　督促老人洗头、理发、修剪指甲。

3.2.1.7　服务人员 24 小时值班，实行程序化个案护理。视情况调整护理方案。

3.2.2 介助老人

3.2.2.1 每天清扫房间 1 次，室内应无蝇、无蚊、无鼠、无蟑螂、无臭虫。保持室内空气新鲜，无异味。

3.2.2.2 提供干净、得体的服装并定期换洗，冬、春、秋季每周 1 次，夏季经常换洗。

3.2.2.3 协助老人整理床铺。

3.2.2.4 每周换洗 1 次被罩、床单、枕巾 (必要时随时换洗)。

3.2.2.5 夏季每周洗澡 2 次，其他季节每周 1 次。

3.2.2.6 协助老人洗头、修剪指甲。

3.2.2.7 定期上门理发，保持老人仪表端正。

3.2.2.8 毛巾、洗脸盆应经常清洗，便器每周消毒 1 次。

3.2.2.9 搀扶老人上厕所排便。

3.2.2.10 Ⅰ° 褥疮发生率低于 5%，Ⅱ° 褥疮发生率为零，入院前发生严重低蛋白血症，全身高度浮肿、癌症晚期、恶病质等患者除外。对因病情不能翻身而患褥疮的情况应有详细记录，并尽可能提供防护措施。

3.2.2.11 服务人员 24 小时值班，实行程序化个案护理。视情况调整护理方案。

3.2.3 介护老人

3.2.3.1 每天清扫房间 1 次，室内应无蝇、无蚊、无老鼠、无蟑螂、无臭虫。保持室内空气新鲜，无异味。

3.2.3.2 提供干净、得体的服装并定期换洗，冬、春、秋季每周 1 次，夏季经常换洗。

3.2.3.3 整理床铺。

3.2.3.4 每周换洗 1 次被罩、床单、枕巾 (必要时随时换洗)。

3.2.3.5 帮助老人起床穿衣、睡前脱衣。

3.2.3.6 全身洗澡，每周 2 次。

3.2.3.7 定期修剪指甲、洗头。

3.2.3.8 口腔护理清洁无异味。

3.2.3.9 定期上门理发，保持老人仪表端正。

3.2.3.10 毛巾、洗脸盆应经常清洗，便器每周消毒 1 次。

3.2.3.11 送饭到居室，喂水喂饭。

3.2.3.12 帮助老人排便。

3.2.3.13 为行走不便的老人配备临时使用的拐杖、轮椅车和其他辅助器具。

3.2.3.14 Ⅰ° 褥疮发生率低于 5%，Ⅱ° 褥疮发生率为零，入院前发生严重低蛋白血症，全身高度浮肿、癌症晚期、恶病质等患者除外。对因病情不能翻身而患褥疮的情况应有详细记录，并尽可能提供防护措施。

3.2.3.15 早晨起床后帮助老人洗漱，晚上帮助老人洗脚。

3.2.3.16 视天气情况，每天带老人到户外活动 1 小时。

3.2.3.17 服务人员 24 小时值班，实行程序化个案护理。视情况调整护理方案。

3.2.4 帮助老人办理到异地的车船票。

3.2.5 特别保护女性智残和患有精神病的老人的人身权益不受侵犯。

3.2.6 对患有传染病的老人要及时采取特殊保护措施，并对其隔离、治疗，以既不影响他人又尊重病患老人为原则。

3.3 康复

3.3.1 卫生保健人员定期查房巡诊，每天 1 次。

3.3.2 为老人定期检查身体，每年 1 次。

3.3.3 医护人员定期、定时护理。

3.3.4 组织智力健全和部分健全的老人每月进行 1 次健康教育和自我保健、自我护理知识的学习，常见病、多发病的自我防治以及老年营养学的学习。

3.3.5 医护人员确保各项治疗措施的落实，确保每周开展两种以上康复活动。

3.3.6 定期或不定期地做好休养区和院内公共场所的消毒灭菌工作。

3.3.7 制订年度康复计划，每周组织老年人开展 3 次康复活动。

3.4 心理

3.4.1 为有劳动能力的老人自愿参加公益活动提供中介服务或给予劳动的机会。组织健康老人每季度参加 1 次公益活动。

3.4.2 每周根据老人身体健康情况、兴趣爱好、文化程度，开展 1 次有益于身心健康的各种文娱、体育活动，丰富老年人的文化生活。

3.4.3 与老人每天交谈 15 分钟以上，并做好谈话周记。及时掌握每个老人的情绪变化，对普遍性问题和极端的个人问题集体研究解决，保持老人的自信状态。

3.4.4 经常组织老人进行必要的情感交流和社会交往。不定期开展为老人送温暖、送欢乐活动，消除老人的心理障碍。帮助老人建立新的社会联系，努力营造和睦的大家庭色彩，基本满足老人情感交流和社会交往的需要。根据老年人的特长、身体健康状况、社会参与意愿，不定时地组织老年人参与社会活动，为社会发展贡献余热。

3.4.5 制订有针对性的“入住适应计划”，帮助新入住老人顺利渡过入住初期。

4. 管理

4.1 机构证书和名称

4.1.1 提供《社会福利机构设置批准证书》和法人资格证书，并悬挂在醒目的地方。

4.1.2 老年人社会福利机构的名称，必须根据收养对象的健康状况和机构的业务性质，标明养老院、老年公寓、护老院、护养院、敬老院、托老所或老年人服务中心等。由国家和集体举办的，应冠以所在地省（自治区、直辖市）、市（地、州）、县（县级市、市辖区）、乡（镇）行政区划名称，但不再另起字号；由社会组织和个人兴办的应执行《民办非企业单位名称管理暂行规定》。

4.2 人力资源配置

4.2.1 城镇地区和有条件的农村地区，老年人社会福利机构主要领导应具备相关专业大专以上学历，模范遵守国家的法律法规，熟练掌握所从事工作的基本知识和专业技能。

4.2.2 城镇地区和有条件的农村地区，老年人社会福利机构应有 1 名大专学历以上、社会工作类专业毕业的专职的社会工作人员和专职康复人员。为介护老人服务的机构有 1 名医生和相应数量的护士。护理人员及其他人员的数量以能满足服务对象需要并能提供本规范所规定的服务项目为原则。

4.2.3 主要领导应接受社会工作类专业知识的培训。各专业工作人员应具有相关部门颁发的职业资格证书或国家承认的相关专业大专以上学历。无专业技术职务的护理人员应接受岗前培训，经省级以上主管机关培训考核后持证上岗。

4.3 制度建设

4.3.1 有按照有关规定和要求制定的适合实际工作需要的规章制度。

4.3.2 有与入院老年人或其亲属、单位签订的具有法律效力的入院协议书。

4.3.3 有简单介绍本机构最新情况的书面图文资料。其中须说明服务宗旨、目标、对象、项目、收费及服务使用者申请加入和退出服务的办法与发表意见的途径、本机构处理所提意见和投诉的承诺等。这类资料应满足服务对象使用。

4.3.4 有可供相关人员查阅和向有关部门汇报的长中短期工作计划、定期统计资料、年度总结和评估报告。

4.3.5 建立入院老人档案，包括入院协议书、申请书、健康检查资料、身份证、户口簿复印件、老人照片及记录后事处理联系人等与老人有关的资料并长期保存。

4.3.6 有全部工作人员、管理机构和决策机构的职责说明、工作流程及组织结构图。

4.3.7 有工作人员工作细则和选聘、培训、考核、任免、奖惩等的相关管理制度。

4.3.8 严格执行有关外事、财务、人事、捐赠等方面规定。

4.3.9 各部门、各层级应签订预防事故的责任书，确保安全，做到全年无重大责任事故。

4.3.10 护理人员确保各项治疗、护理、康复措施的落实，严禁发生事故。

4.3.11 服务项目的收费按照当地物价部门和民政部门的规定执行，收费项目既要逐项分计，又要适当合计。收费标准应当公开和便于查阅。

4.3.12 有工作人员和入院老人花名册。入院老人的个人资料除供有需要知情的人员查阅外应予以保密。

4.3.13 严防智残和患有精神病的老人走失。为智残和患有精神病的老人佩戴写有姓名和联系方式的卡片，或采取其他有效措施，以便老人走失后的查找工作。

4.3.14 对患有精神病且病情不稳定的老人有约束保护措施和处理突发事件的措施。

4.3.15 有老人参与机构管理的管理委员会。

4.3.16 长期住院的“三无”老人的个人财产应予以登记，并办理有关代保管服务的手续。

4.3.17 工作人员在工作时间内须佩证上岗。

5. 设施设备

5.1 老人居室

5.1.1 老人居室的单人间使用面积不小于 10 平方米；双人间使用面积不小于 14 平方米；三人间使用面积不小于 18 平方米；合居型居室每张床位的使用面积不小于 5 平方米。

5.1.2 根据老人实际需要，居室应配设单人床、床头柜、桌椅、衣柜、衣架、毛巾架、毯子、褥子、被子、床单、被罩、枕芯、枕套、枕巾、时钟、梳妆镜、洗脸盆、暖水瓶、痰盂、废纸桶、床头牌等，介助、介护老人的床头应安装呼叫铃。

5.1.3 室内家具、各种设备应无尖角凸出部分。

5.2 饭厅应配设餐桌、座椅、时钟、公告栏、废纸桶、窗帘、消毒柜、洗漱池、防蝇设备等。

5.3　洗手间及浴室应配备安装在墙上的尿池、坐便器、卫生纸、卫生纸专用夹、废纸桶、淋浴器、坐浴盆或浴池、防滑的浴池垫和淋浴垫、浴室温度计、抽气扇等。

5.4　有必备的洗衣设备，应有洗衣机、熨斗等。

5.5　建有老人活动室。有供其阅读、写字、绘画、娱乐的场所。该场所应提供图书、报刊、电视机和棋牌。

5.6　有配置了适合老人使用的健身、康复器械和设备的康复室和健身场所。

5.7　有接待来访的场所。接待室配备桌椅、纸笔及相关介绍材料。

5.8　室外活动场所不得少于150平方米，绿化面积达到60%。

5.9　公共区域应设有明显标志，方便识别。

5.10　有一部可供老人使用的电话。

5.11　根据老人健康情况，必须准备足够的医疗设备和物资，应有急救药箱和轮椅车等。不设医务室的老年人社会福利机构应与专业医院签订合同。合同医院必须具备处理老年人社会福利机构内各种突发性疾病和其他紧急情况的能力，并能够承担老年人常见病、多发病的日常诊疗任务。

5.12　及时解决消防、照明、报警、取暖、通信、降温、排污等设施和生活设备出现的问题，严格执行相关规定，保证其随时处于正常状态。

5.13　保证水、电供应，冬季室温不低于16℃，夏季不超过28℃。

5.14　生活环境安静、清洁、优美，居室物品放置有序，顶棚、墙面、地面、桌面、镜面、窗户、窗台洁净。

附录五　残疾人社区康复工作标准

中国残联、民政部、国家卫生健康委关于印发《残疾人社区康复工作标准》的通知，明确提出残疾人社区康复工作标准：

标准依据《残疾预防和残疾人康复条例》及相关政策制定，适用于开展残疾人康复工作的县（市、区、旗）。

一、组织管理

（一）县（市、区、旗）党委、政府重视，将残疾预防和残疾人康复工作纳入国民经济和社会发展规划，完善残疾预防和残疾人康复服务和保障体系，建立政府主导、部门协作、社会参与的工作机制，实行工作责任制，对有关部门承担的残疾预防和残疾人康复工作进行考核和监督。

（二）卫生健康部门。将社区康复医疗设施、人才队伍建设纳入医疗卫生服务体系建设规划；将康复业务培训纳入基层卫生人员及全科医师继续教育；开展残疾人家庭医生签约，为残疾人提供基本医疗、基本公共卫生服务、健康管理和康复医疗、护理、咨询、转介等服务。

（三）民政部门。将残疾人康复设施纳入社区服务体系建设规划；组织开展精神障碍者社区康复服务；培育助残社会组织，支持社会组织为残疾人提供康复服务。

（四）残联组织。协助政府做好残疾人社区康复工作规划；代表残疾人利益，反映残疾人诉求，组织残疾人主动参与社区康复活动；建立基层残疾人组织和社区康复协调员队伍；组织开展残疾人康复需求和服务状况调查、残疾儿童康复救助以及残疾人辅助器具适配等服务；组织开展残疾预防宣传工作；推进社区和残疾人家庭无障碍建设。

二、服务体系

（一）县（市、区、旗）建有康复专科医院或在县（市、区、旗）综合医院设立康复医学科，建有残疾儿童康复、辅助器具服务、精神卫生社会福利等机构，提供康复专业服务并开展社区康复技术指导。

（二）乡镇卫生院、社区卫生服务中心具备相应的医疗康复能力，开展家庭医生签约服务。

（三）街道（乡镇）、城乡社区综合服务设施内根据需要设置残疾人康复活动场地，有条件的可开展日间照料、工疗、娱疗及辅助器具展示、租赁等服务。

（四）乡镇（街道）、居（村）民委员会配备社区康复协调员。

三、服务内容

（一）康复需求和服务状况调查。

开展残疾人康复需求和服务状况调查，做好登记，为有康复需求的残疾人建立康复服务档案。

（二）基本医疗卫生。

面向残疾人开展常见病、多发病的诊治、基本公共卫生服务和健康管理等服务。

（三）康复训练。

为有康复需求的视力残疾人提供视功能、定向行走、感知觉补偿、生活自理及职业、社会适应等能力训练。

为有康复需求的听力残疾人提供听觉、语言等能力训练。

为有康复需求的肢体残疾人提供运动、认知、语言、生活自理及职业、社会适应等能力训练。

为有康复需求的智力残疾人提供认知、生活自理及职业、社会适应等能力训练。

为有康复需求的精神残疾人提供沟通和社交、情绪和行为调控、生活自理及职业、社会适应等能力训练。

（四）辅助器具适配。

为有康复需求的视力残疾人提供助视器、盲杖等适配及使用指导。

为有康复需求的听力残疾人提供助听器适配及使用指导。

为有康复需求的肢体残疾人提供假肢、矫形器、轮椅、助行器、坐姿椅、站立架、生活自助具、护理器具等适配及使用指导。

（五）支持性服务。

为有康复需求的视力残疾人提供导盲随行、心理疏导、康复咨询、知识普及等服务。

为有康复需求的听力残疾人提供手语翻译、心理疏导、康复咨询、知识普及等服务。

为有康复需求的肢体、智力、精神残疾人提供托养、护理、居家照料、心理疏导、康复咨询、知识普及等服务。

（六）转介。

帮助有需求的残疾人到专业康复机构接受服务。

四、评价指标

（一）有需要的社区综合服务设施康复活动场所设置率＞90%。

（二）社区康复协调员配备率＞90%。

（三）残疾人康复需求调查和服务建档率＞95%。

（四）残疾人普遍接受家庭医生签约服务，服务满意度＞80%。

（五）有需求的残疾儿童和持证残疾人接受基本康复服务的比例＞80%，接受基本辅助器具适配的比例＞80%。

附录六　残疾人社会福利机构基本规范

1. 总则

1.1　为加强残疾人社会福利机构规范化管理，维护残疾人权益，促进残疾人社会福利事业健康发展，制定本规范。

1.2　本规范适用于各类、各种所有制形式的为残疾人提供养护、康复、托管等服务的社会福利服务机构。

1.3　残疾人社会福利机构的宗旨是：以科学的知识和技能维护残疾人基本权益，帮助残疾人适应社会，促进残疾人自身发展。

1.4　本规范所列各种条款均为最低要求。

1.5　残疾人社会福利机构除应符合本规范外，尚应符合国家现行相关强制性标准的规定。

2. 术语

残疾人社会福利机构为肢体、智力、视力、听力、语言、精神方面有残疾的人员提供康复和功能补偿的辅助器具，进行康复治疗、康复训练，承担教育、养护和托管服务的社会福利机构。

3. 服务

3.1　膳食

3.1.1　有主管部门颁发了卫生许可证的专门为残疾人服务的食堂，配备厨师和炊事员。

3.1.2　厨师和炊事员持证上岗，严格执行食品卫生法规，严防食物中毒。

3.1.3　注意营养、合理配餐，每周有食谱。根据残疾人的需要或医嘱要求，制作普食、软食、半流食、流食及其他饮食。

3.1.4　为生活不能自理的残疾人送饭到居室，根据需要喂水喂饭。清洗消毒餐具。

3.1.5　每月召开 1 次膳食管理会，征求智力正常的残疾人及其他残疾人家属的意见，满意率达到 80%以上。

3.1.6　照顾不同残疾人的饮食习惯，尊重少数民族的饮食习俗。

3.2　护理

3.2.1　每天清扫房间 1 次，室内应做到无蝇、无蚊、无鼠、无蟑螂、无臭虫。保持室内空气新鲜，无异味。

3.2.2　为供养人员提供干净、得体的服装，并定期换洗。夏季经常换洗，其他季节每周1次。

3.2.3　整理床铺。

3.2.4　每周换洗1次被罩、床单、枕巾（必要时随时换洗）。

3.2.5　帮助生活不能自理的残疾人穿衣、脱衣。

3.2.6　协助残疾人洗澡，夏季每周2次，其他季节每周1次；协助残疾人理发，每月1次；协助残疾人洗头，修剪指甲。口腔护理清洁无异味。

3.2.7　毛巾、洗脸盆应经常清洗，便器每周消毒1次。

3.2.8　协助残疾人上厕所排便。

3.2.9　为行走不便的残疾人配备临时使用的拐杖、轮椅车和其他辅助器具。

3.2.10　Ⅰ°褥疮发生率低于5%，Ⅱ°褥疮发生率为零，入院前发生严重低蛋白血症，全身高度浮肿、癌症晚期、恶病质等患者除外。对因病情不能翻身而患褥疮的情况应有详细记录，并尽可能提供防护措施。

3.2.11　视天气情况，每天带残疾人到户外活动1小时。

3.2.12　帮助住院残疾人办理到异地的车船票。

3.2.13　特别保护女性智残人和精神病人的人身权益不受侵犯。

3.2.14　对患有传染病的残疾人要及时采取特殊保护措施，并对其隔离、治疗，以既不影响他人又尊重病患残疾人为原则。

3.2.15　服务人员24小时值班，实行程序化个案护理。视情况调整护理方案。

3.3　康复

3.3.1　肢体残疾人

3.3.1.1　根据残疾人要求和实际情况，为其提供、装配符合国家或行业标准并经国家相关产品监督检测部门检验合格的各种假肢与矫形器、轮椅车、助行架、拐杖、内脏托带及其他康复和功能补偿的辅助器具，进行康复治疗和康复训练。

3.3.1.2　为肢残人提供熟练的护理服务，对残肢肿胀、皮肤感染、溃疡等常见残肢病提供规范化的医疗服务，对残肢状况不良的残疾人及时进行康复治疗、康复训练和康复评定。

3.3.1.3　对个别残肢需要修整或患有难治残肢病的残疾人经其本人和家属同意后，及时送医院治疗。

3.1.1.4　对装肢前需要进行残肢训练的截肢者，应有康复训练人员一对一、有计划地进行增大残肢肌力和活动范围的功能训练。

3.1.1.5　装肢后，应有专职人员对残疾人进行矫正行走姿势的步态训练，并做好评估记录。

3.3.2　智力残疾人

3.3.2.1　利用传统疗法（如针灸）、物理疗法（各种理疗设备）对智残人进行康复治疗。

3.3.2.2　通过日常生活能力训练、手工作业训练，对智残人进行智力训练。

3.3.2.3　利用运动疗法、作业疗法，对智残者进行肢体训练。

3.3.3　盲聋哑人

3.3.3.1　利用传统疗法（如针灸）、物理疗法（各种理疗设备）对盲聋哑人进行康复治疗。

3.3.3.2　利用语言治疗和矫正训练设备进行听力训练、语言训练。

3.3.4　精神病人

3.3.4.1　按照康复计划和个人康复方案实施康复治疗和康复训练，并及时进行康复评估。康复参训率达到90%以上，康复有效率达到85%以上。

3.3.4.2　有针对性地举办各种形式的技能训练，为安置康复期精神病人就业及参加生产劳动创造条件。

3.3.4.3　定岗康复项目不得少于8个，每个项目必须有专职人员指导精神病人康复。

3.4　辅助器具装配

3.4.1　提供服务前应详细了解残疾人的身体状况和致残原因，并对所了解的情况进行认真记录，应具有个人资料卡和处方单。

3.4.2　为残疾人提供有关假肢与矫形器及其他康复和功能补偿辅助器具的样品、适应范围、使用说明、残肢护理、产品维护等知识的咨询服务，询问、回答残疾人问题热情、耐心、准确、周到。

3.4.3　明码标价，公开产品质量和服务质量标准，主动向残疾人介绍产品的品种、结构、档次和性能，并与残疾人签订包含按时交货、产品合格和保修、包换、包退内容的服务协议书。

3.4.4　按照处方要求选配假肢、矫形器及其他康复和功能补偿辅助器具的零部件，对备件、半成品加工、组装等工序有严格的质量检验。

3.4.5　残疾人试样时，注意听取其意见，悉心告知和指导使用方法，并做好试样结果纪录；对装配不适当的地方及时修改后再行试样，直至符合残疾人的生理、病理要求。

3.4.6　正式交付残疾人的假肢、矫形器及其他康复和功能补偿辅助器具产品，应经注册执业假肢与矫形器制作师检验和签字，盖有合格证章，并经残疾人或其家属签字认可。

3.5　心理

3.5.1　为有劳动能力的残疾人自愿参加公益活动提供服务或给予劳动的机会。组织有活动能力的残疾人每季度参加1次公益活动。

3.5.2　每周组织残疾人开展1次有益于身心健康的集体性文娱或体育活动，丰富残疾人的精神文化生活。

3.5.3　与智力健全和部分健全的残疾人每天交谈10分钟以上，并做好谈话周记。精神病人酌情处理。及时掌握每个残疾人的情绪变化，对普遍性问题和极端的个人问题集体研究解决，保持残疾人的自信状态。

3.5.4　经常组织残疾人进行必要的情感交流和社会交往。不定期开展为残疾人送温暖、送欢乐活动，消除残疾人的心理障碍。帮助残疾人建立新的社会联系，努力营造和睦的大家庭色彩，基本满足残疾人情感交流和社会交往的需要。

3.6　其他

3.6.1　卫生保健人员定期查房巡诊，每天1次。

3.6.2　为残疾人定期检查身体，每年1次。

3.6.3　医务人员护理定期定时。

3.6.4　组织智力健全和部分健全的残疾人每月进行 1 次健康教育和自我保健、自我护理知识的学习。

3.6.5　定期或不定期地做好休养区和院内公共场所的消毒灭菌工作。

3.6.6　对采用药物维持治疗三年以上、病情稳定的“三无”未婚精神病人，当其申请结婚时，如符合法律规定，视情况为他们提供登记结婚和有效避孕的方便条件。

3.6.7　对基本康复并已办理出院手续的精神病人和具有一定劳动能力的智残人，负责向所送单位或街道推荐其就业，并按有关政策提出享受国家财政扶持、减免税收等生产自救优惠政策的建议。

4. 管理

4.1　机构证书和名称

4.1.1　提供《社会福利机构设置批准证书》和法人资格证书，并悬挂在醒目的地方。

4.1.2　残疾人社会福利机构的名称，必须根据收养对象的健康状况和机构的业务性质，标明肢残人社会福利机构、智残人社会福利机构、聋哑人社会福利机构、精神病人社会福利机构或综合性残疾人社会福利机构等。由国家和集体举办的，应冠以所在地省（自治区、直辖市）、市（地、州）、县（县级市、市辖区）、乡（镇）行政区划名称，但不再另起字号；由社会组织和个人举办的，应执行《民办非企业单位名称管理暂行规定》。

4.2　人力资源配置

4.2.1　城镇地区和有条件的农村地区，残疾人社会福利机构主要领导应具备大专以上学历，具有高尚的职业道德，遵守国家的法律法规，熟练掌握所从事工作的基本知识和专业技能。

4.2.2　城镇地区和有条件的农村地区，残疾人社会福利机构应有 1 名大专以上学历、社会工作类专业毕业的专、兼职社会工作人员，1 名专职康复人员。肢残人和盲聋哑人社会福利机构，应按床位数配备国家认定的相应数量的医疗及康复护理人员。精神病人社会福利机构医护人员的配备，按卫生部门有关要求执行。其他人员的数量以能满足服务对象需要并能提供本规范所规定的服务项目为原则。

4.2.3　肢残人社会福利机构，10 人以下的单位，具有符合规定并注册登记的执业假肢、矫形器制作师应达到生产装配人员的 30%；10 人以上的单位，具有符合规定并注册登记的执业假肢、矫形器制作师不得少于 3 名；生产、加工部门配有工程系列中等专业技术职务以上的专业技术人员；生产、装配部门的职工应符合上岗条件和国家假肢制作装配工、矫形器制作装配工的各级工种要求。

4.2.4　主要领导应接受社会工作类专业的培训。各专业工作人员应具有相关部门颁发的职业资格证书或国家承认的相关专业大专以上学历。无专业技术职务的护理人员应接受岗前培训，经省级以上主管机关培训考核后持证上岗。

4.3　制度建设

4.3.1　有按照有关规定和要求制定的适合实际工作需要的规章制度。

4.3.2　有与入院残疾人或其亲属、单位签订的具有法律效力的入院协议书。

4.3.3　有简单介绍本机构最新情况的书面图文资料。其中须说明服务宗旨、目标、对象、项目、收费及服务使用者申请加入和退出服务的办法与发表意见的途径、本机构处理所提意见和投诉的承诺等。这类资料应满足服务对象使用。

4.3.4　有可供相关人员查阅和向有关部门汇报的长中短期工作计划、定期统计资料、年度总结和评估报告，以及针对存在问题采取的相应对策。

4.3.5　认真检查、详细了解残疾人的身体状况和致残原因，规范建立个人健康档案、诊疗计划和康复评估记录，并长期保存。

4.3.6　有全部工作人员、管理机构和决策机构的职责说明、工作流程及组织机构图。

4.3.7　有工作人员工作细则和选聘、培训、考核、任免、奖惩等相关管理制度。

4.3.8　严格执行有关外事、财务、人事、捐赠等方面的规定。

4.3.9　各部门、各层级应签订预防事故的责任书，确保安全，做到全年无重大责任事故。

4.3.10　护理人员确保各项治疗、护理、康复措施的落实，严禁发生事故。

4.3.11　服务项目的收费按照当地物价部门和民政部门的规定执行，收费项目既要逐项分计，又要适当合计。收费标准应当公开和便于查阅。

4.3.12　有工作人员和入院残疾人花名册。入院残疾人的个人资料除供有需要知情的人员查阅外应予以保密。

4.3.13　严防智残人和精神病人走失。为智残人和精神病人佩戴写有姓名和联系方式的卡片，或采取其他有效措施，以便病人走失后的查找工作。

4.3.14　对病情不稳定的精神病人有约束保护措施和处理突发事件的措施。

4.3.15　有智力健全的残疾人和残疾人家属参与机构管理的管理委员会。

4.3.16　对长期住院的“三无”精神病人的个人财产应予以登记，并办理有关代保管服务的手续。

4.3.17　工作人员在工作时间内须佩证上岗。

5. 设施设备

5.1　日常设施设备

5.1.1　残疾人居室的单人间使用面积不小于 10 平方米；双人间使用面积不小于 14 平方米；三人间使用面积不小于 18 平方米；合居型居室每张床位的使用面积不小于 5 平方米。

5.1.2　根据残疾人的实际需要配备居室设施，应配设单人床、床头柜、床头铃、衣柜、衣架、毛巾架、褥子、被子、毯子、床单、被罩、枕芯、枕套、枕巾、时钟、洗脸盆、暖水瓶、痰盂、病床便盆、尿壶、废纸桶、床头牌、鞋拔等。

5.1.3　室内家具、各种设备应无尖角凸出部分。

5.1.4　饭厅应配设餐桌、座椅、时钟、公告栏、废纸桶、窗帘、消毒柜、洗漱池、防蝇设备等。

5.1.5　洗手间及浴室至少应配备安装在墙上的尿池、坐便器、卫生纸、卫生纸专用夹、废纸桶、淋浴器、坐浴盆或浴池、防滑的浴池垫和淋浴垫、浴室温度计、抽气扇等。

5.1.6　有必备的洗衣设备。应有洗衣机、熨斗等。

5.1.7　有供残疾人阅读、写字、绘画、娱乐的场所。该场所应提供图书、报刊、电视机和棋牌。

5.1.8　有适合残疾人使用的健身、康复器械和设备的康复室和健身场所。

5.1.9　院内有固定的职业技能培训基地，做到预防、医疗、康复、培训四位一体。

5.1.10　有接待来访的场所。接待室配备桌椅、纸笔及相关介绍材料。

5.1.11　室外活动场所达到 150 平方米，绿化面积达到 60%。

5.1.12　公共区域应设有明显标志，方便识别。

5.1.13　必须根据残疾人健康情况准备足够的医疗设备和物资，应有急救药箱和轮椅车等。不设医务室或相关医疗力量不足的残疾人社会福利机构应与专业医院签订合同。合同医院必须具备处理残疾人社会福利机构内各种突发性疾病和其他紧急情况的能力，并能够承担残疾人常见病、多发病的日常诊疗任务。

5.1.14　有 1 部可供入院残疾人使用的公用电话。

5.1.15　及时解决消防、照明、报警、通信、取暖、降温、排污等设施和生活设备出现的问题，严格执行相关规定，保证其随时处于正常状态。

5.1.16　保证水、电供应，冬季室内温度不低于 16℃，夏季不超过 28℃。

5.1.17　生活环境安静、清洁、优美，居室物品放置有序，顶棚、玻璃、墙面、地面、桌面、窗台洁净。

5.2　肢体残疾人

5.2.1　基本建筑面积在 1 000 平方米以上。其中,残疾人接待室面积达 50 平方米以上；体疗室、理疗室和康复训练室的总面积达 80 平方米以上；残疾人使用假肢的步态训练室，面积达 40 平方米以上。残疾人出入的场所应符合无障碍设计的标准。

5.2.2　居室应配设单人床（床上根据需要配设防褥疮的特殊装置）、床栏杆或固定在床上的用于肢残人自我起立的栏杆、床头铃、床头牌、枕芯、枕套、枕巾、被子、褥子、毯子、床单、被罩、残肢支撑架、手杖架、肘拐和腋拐架、床头柜、凳子和站立椅、衣柜、衣架、毛巾架、窗帘及其开关器、高度为坐姿可及的电源开关等照明控制辅助器具、洗脸盆、暖水瓶、痰盂、废纸桶、时钟、梳妆镜、鞋拔等，并根据需要为下肢瘫痪的残疾人配置尿吸收器具及其固定用具和尿收集用具。

5.2.3　有工作人员与肢残人一对一的测量、取型室，室内备有更衣、冲洗及保暖、通风设备。

5.2.4　步态训练室配有平行杠、照姿镜、体操垫、肋木、训练用扶梯、步行训练器、助行器、自行车训练器等器械。

5.2.5　理疗室应备有蜡疗、红外线、音频电疗、磁疗、超短波、超声波、微波治疗机等设备和弹力服、抗水肿袜套等器具，体疗室应备有肋木、蹦床、体操垫、平衡板、牵引器等器具。

5.2.6　生产装配假肢和矫形器所需的测量、取型、预制件加工、组装、试样修理等各工序设备、车间配备齐全。

5.2.7　配有机械加工车间（生产装配电动手或肌电手的还需有电器加工车间），可进行假肢和矫形器及其他装饰假体、轮椅车等产品零部件的生产或修配。

5.2.8　接待残疾人的客房至少有 16 张床位。

5.2.9　卫生间内安装在墙上的尿池和坐便器上应装配扶手。

5.2.10　浴室内应配备防滑的浴池垫、淋浴垫和带子等。

5.2.11　在公共区域放置可用于如厕和淋浴的坐便椅，数量应满足在院残疾人的使用。

5.3　智力残疾人

5.3.1　基本建筑面积不少于500平方米以上。其中残疾人接待室面积在50平方米以上；病房床位在20张以上，病房每床占用面积不少于4平方米；全院残疾人活动空间不少于100平方米。

5.3.2　居室应配设单人床（床上根据需要配设防褥疮的特殊装置）、床栏杆、床头铃、枕芯、枕套、枕巾、被子、褥子、毯子、床单、被罩、床头牌、床头柜、衣柜、衣架、毛巾架、窗帘及其开关器、时钟、洗脸盆、痰盂、废纸桶、鞋拔等，并根据需要为尿失禁的智残人配置尿吸收器具及其固定用具和尿收集用具。

5.3.3　院内环境和所有设施必须符合残疾人行动和休闲的特点，绿化面积达到60%以上。

5.3.4　设有康复治疗室和智能训练室。

5.3.5　备有日常生活训练用具、训练用垫和床、沙袋、哑铃等运动治疗设备。

5.4　盲聋哑人

5.4.1　基本建筑面积不少于500平方米。其中残疾人接待室面积在50平方米以上；病房床位在20张以上，每床净使用面积不少于4平方米。

5.4.2　设有康复治疗室和语言训练室。

5.4.3　备有声音记录器、非语言交流写字画板、助听器、电视机、VCD等基本训练设备。

5.5　精神病人

5.5.1　基本建筑面积不少于500平方米以上。其中残疾人接待室、门诊室合计面积在50平方米以上；病房床位在20张以上，每床净使用面积不少于4平方米；病员活动空间不少于100平方米。

5.5.2　院内环境和各项设施应根据病情特点而设定，防止病人走失和相互伤害。道路全部采用硬路面，道旁植树栽花，场地绿化面积达60%以上。

5.5.3　设有医疗、护理和康复训练室。

5.5.4　医疗设备的配备按卫生部门有关要求执行。

6. 其他

6.1　残疾人康复福利机构应设在靠近社区、交通便利、环境良好的区域。

6.2　用于康复服务的各种药品、器械及原材料有正常的供应渠道。